AF607397

Portada: Carmen Narbarte del Pozo. Collage sobre acrílico « *La Espera* », publicado en el libro ilustrado *Dichosos Canibales,* Ed. Torremozas, 2019.

ISBN: 978-84-18885-57-0

DL ZA 129-2025

Esperando la llamada

y

La contrata

de

Ricardo López Aranda

Edición de **Francisco Gutiérrez Carbajo**
y **Verónica López-Aranda**

con
Estudio introductorio de
Francisco Gutiérrez Carbajo

Dedicado a Germaine Jagu, su fiel compañera, que inició este proyecto de publicación junto a Francisco Gutiérrez Carbajo.

LÓPEZ ARANDA EN EL CONTEXTO TEATRAL DE SU ÉPOCA

El teatro de Ricardo López Aranda es uno de esos frutos extraordinarios que logran brotar en el páramo de la cultura española de posguerra. Le acompañan en esta empresa otros escritores como Alfonso Sastre o Antonio Buero Vallejo, con cuyo teatro el de López Aranda mantiene un diálogo muy rico y fructífero.

Ricardo López Aranda nace el 20 de diciembre de 1934 en Santander, ciudad en la que recibe sus primeras enseñanzas. En 1955 se traslada a Madrid y cursa en la Universidad Complutense estudios de Filosofía y Letras y Derecho. Tres años más tarde recibe el Premio Nacional de Teatro Universitario por la obra *Nunca amanecerá*, que marca el verdadero punto de arranque de su trayectoria dramática. Alfonso Sastre, miembro del jurado que le otorgó el galardón, después de alabar el discurso dialogado de la obra y de considerarla como una de las más maduras presentadas al concurso, señala las influencias de "Priestley y Buero Vallejo: quizás de aquél a través de este"[1].

Con posterioridad se ha insistido en esta relación de nuestro autor con Buero Vallejo, mencionada al principio, subrayando que tal conexión no es demérito, sino que su compromiso con su obra y con la realidad le llevan a poner los ojos en un teatro de reflexión, inconformista y renovador. Se especifica esta especial relación con la obra bueriana *Madrugada*:

> Es patente el débito que *Nunca amanecerá* mantiene con respecto a *Madrugada*, drama de Buero estrenado el año 1953. Las conexiones entre estas dos piezas, tanto en el plano formal

[1] Ricardo López Aranda, *Nunca amanecerá*, Madrid, S.E.U., 1958, p. 5.

como en el modo de articular la acción dramática, son notorias. Ambas obras se desarrollan en unas coordenadas espacio-temporales muy similares -interior de una casa burguesa, durante las dos horas inmediatamente anteriores al amanecer, con cuya llegada culminan las dos obras-, la acción de ambas gira alrededor de un difunto que se encuentra de cuerpo presente (...) y en las dos obras la tensión se genera en el velatorio del recién fallecido (...). Por otra parte, las dos obras se ajustan a las unidades clásicas, y en ambas la coincidencia entre tiempo real y tiempo imaginario viene marcada por la presencia en escena de un enorme reloj, que avanza en tiempo real mientras transcurre la acción de las obras y que se adelanta algunos minutos en los entreactos. Por lo demás, la temática abordada en estas dos obras no plantea las mismas similitudes, ya que si bien la pieza de Buero aborda una problemática de carácter social -hipocresía, envidia, pobreza, falsas apariencias...- la obra de López Aranda se centra más en aspectos de carácter religioso y existencial[2].

El asunto planteado en el texto: el reparto arbitrario de la fe por Dios, según Arturo del Villar "ha inquietado a los teólogos cristianos durante siglos. Lo trató sin temor Agustín de Tagaste, y Calvino lo desarrolló abundantemente"[3]. La obra de Calvino, *Institución de la religión cristiana*, aparecida primero en latín en 1536 con solo seis capítulos y en 1560 en francés con diecisiete, no pretende ser un tratado de especulación teológica, sino que intenta más bien esclarecer las grandes cuestiones, como la del libre albedrio, desde la perspectiva de la enseñanza.

---

[2] Daniel Martín Arguedas, "Introducción a *Nunca Amanecerá*". En Ricardo López Aranda, *Teatro (Obras escogidas)*. Madrid, AAT, 1998, t. I, pp. 56-57.

[3] Arturo del Villar, "La espera sin esperanza en el teatro de López Aranda", Conferencia pronunciada en el Ateneo Científico, Literario y Artístico de Madrid, el 16 de enero de 2007, Madrid, p. 34.

Además de *Nunca amanecerá*, en 1958 escribe López Aranda la novela *Esta juventud que va a morir*, basada en su obra teatral *Los sin raíz* y publica, en la revista *Acento cultural* una versión del *Edipo Rey* de Sófocles. Por otra parte, *Acento cultural* y otras revistas que luego mencionaremos, constituyen algunas de las tribunas que difundirán el realismo crítico, a cuya corriente se adscriben estas primeras obras de López Aranda.

En 1960 presenta al Premio Calderón de la Barca varias piezas, entre ellas *La contrata, Sinfonía en gris* y la citada *Los sin raíz*. "*La contrata* queda finalista de los premios Calderón de la Barca, Teatro de Valladolid, y IV concurso de Autores Jóvenes de Barcelona. Aunque en este último fue presentada con el título *La torre de los sueños*."[4] *Sinfonía en gris* es la merecedora del Premio Calderón de la Barca. Para su representación y edición se barajan varios títulos, entre ellos *El Cementerio de las estrellas*, aunque finalmente se publica y representa con el título definitivo de *Cerca de las estrellas*, en referencia a un pasaje poético en el que los niños recogen estrellas del agua para bebérselas y poder soñar con ellas. Este premio supone la consolidación teatral del autor cuando cuenta tan solo 26 años.

Su versión del *Edipo* adopta igualmente transformaciones, como la que experimenta en la lectura el 6 de noviembre de 1960 en el Colegio Mayor Santa María de Madrid, con el título de *Edipo y la esfinge*, que en una vuelta de tuerca más, recibirá luego el título de *La Esfinge sin secreto*.

Como ha escrito Óscar Cornago, en esta última obra López Aranda "descubrió la posibilidad de realizar una reflexión desde la Modernidad acerca de la condición del hombre, la imposibilidad de esa ilusión que se llama libertad y la naturaleza del poder, temas todos ellos, aunque universales, de especial vigencia en la

[4] Cristina Santolaria Solano, "Cronobiografía". En Ricardo López Aranda, *Teatro (Obras escogidas)*. Madrid, AAT, 1998, t. I, pp. 27-28.

década de los cincuenta, y, en términos más generales, canalizadores de la evolución del pensamiento y el arte en el siglo XX"[5].

Aunque los mitos clásicos han constituido una fuente inagotable de inspiración para escritores, pintores, escultores, etc. en los últimos tiempos ha merecido una especial atención por parte de los dramaturgos. López Aranda, sobre un fondo poético, que casi nunca está ausente en su dramaturgia, lleva a cabo una redefinición del mito de Edipo, subrayando los aspectos trágicos.

A comienzos de la década de los sesenta escribe una serie de obras como *El asedio, La cita, La espera, El funcionario*... entre otras, que él mismo incluye dentro del "teatro de crueldad", que, a pesar de esa denominación, no presentan una vinculación directa con el "teatro de la crueldad" de Artaud.

En 1961 estrena con notable éxito *Cerca de las estrellas* en el teatro Nacional "María Guerrero" de Madrid. La obra, que mereció una magnífica recepción, fue dirigida por José Luis Alonso y contó, entre otros intérpretes, con José Bódalo, Antonio Ferrandis, Lola Cardona, Ana María Vidal, Enriqueta Carballeira y Manuel Tejada. Como escribió algún crítico, la pieza presenta gráficamente un conjunto de fotografías, una especie de "álbum familiar", como se titularía una obra de José Luis Alonso de Santos. Estas fotografías reflejan a su vez las distintas caras de la vida humana:

> «Son como fotografías de la vida de una familia, un conjunto de fotografías contenidas en un álbum familiar (...) La alegría y el dolor en *Cerca de las Estrellas* unidos se hallan, como unidos están en la vida la risa y el llanto (...) Ricardo López Aranda se subió a lo alto de una casa para estar cerca de las estrellas, (...) y desde allí contempló la terraza de una casa y unas habitaciones

---

[5] Óscar Cornago Bernal, "La modernidad de Ricardo López Aranda. Introducción a *La Esfinge sin secreto*". En Ricardo López Aranda, *Teatro (Obras escogidas)*. Madrid, AAT, 1998, t. I, pp. 359-365.

> contiguas y (...) retrató un puñado de vidas, veintinueve vidas; unas, nacientes; otras declinantes; otras en la pujanza de la juventud (...) donde se reflejan no solo los cuerpos, sino las almas de unos pobres seres que viven, unos a impulsos de la alegría; otros, a rastras con el dolor... »[6].

La crítica periodística, después de situarlo en la línea del teatro benaventino, lo relaciona con alguno de los mejores dramaturgos del momento: "López Aranda en esta primera obra entronca felizmente con la tradición teatral española de Benavente a nuestro tiempo. Se le recibe con la ilusión creciente con que fue acogido Buero Vallejo cuando su aparición en *Historia de una escalera*"[7].

En trabajos posteriores se ha establecido una relación entre *Cerca de las estrellas* de López Aranda y *Hoy es fiesta* de Antonio Buero Vallejo:

> Ambas están estructuradas en 3 actos, se desarrollan en un entorno urbano y vecinal similar, el espacio real es prácticamente idéntico, el último piso con terraza en López Aranda y la terraza de un edificio de comunidad en Buero. La acción se desarrolla en un día, de la mañana a la noche, y ambos días son festivos y domingo respectivamente. El universo dramático es prácticamente el mismo: los dos han elegido un sector social en lucha contra la desesperanza y ambas obras están enclavadas dentro de la denominada tendencia realista, aunque el realismo de Buero es posibilista, y el de López Aranda poético. El trágico final tanto de Pilar, una de las protagonistas de Hoy es fiesta, como el de Laura en Cerca de las estrellas es otro de los elementos que tienen ambas obras en común[8].

---

[6] Antonio Díaz-Cañabate - De Semana, Madrid, 1961.

[7] "El estreno del último Premio Calderón", *Blanco y Negro*, Madrid, 13/5/1961, p. 54.

[8] Carmen García Rojas, "Introducción a *Cerca de las Estrellas*". En Ricardo López Aranda, *Teatro (Obras escogidas)*. Madrid, AAT, 1998, t. 1, pp. 125-131, p. 128.

Cabe sin embargo señalar que estos espacios -la azotea, la casa de vecindad, el entorno urbano popular- eran habituales en el teatro realista de la época. Como indica Cerstin Bauer-Funke al referirse a esta generación, "en la dramaturgia de la generación realista se trata siempre de una casa aislada, una pensión, una casa de vecindad, un barrio y en algunas obras también de una iglesia. Estos motivos despliegan visualmente el poder del espacio dramático y sirven en tanto que espacios transitorios entre un adentro y un afuera, de conector entre lo privado y lo público y también entre el microcosmos y el macrocosmos"[9]. Esta recurrencia no implica una relación directa entre ambas obras, sino que responde a una lógica escénica y simbólica común a la dramaturgia realista del momento.

En 1961 realiza la adaptación cinematográfica de *Cerca de las estrellas*, película que dirige César Ardavín, y que recibe prestigiosos premios, como el de "Ciudad de Valladolid", el del Festival Internacional "Mar del Plata", etc.

Si a propósito de *Nunca amanecerá* y *Cerca de las Estrellas* se relaciona a nuestro autor con Buero Vallejo, esta misma relación se establece cuando se estrena *Noches de San Juan*, con *Historia de una escalera*, a la que se unen otros títulos de obras del también escritor realista Lauro Olmo y del norteamericano Arthur Miller:

> Al menos tres sombras ilustres -"Historia de una escalera", "La Camisa", "La muerte de un viajante"- se proyectan sobre este fresco de intención a veces poética, a ratos fotográfica, a veces casi notarial, a veces simplemente costumbrista que es "Noches de San Juan". Se trata de una gran descripción de una

---

[9] Cerstin Bauer-Funke, Conferencia "Los realismos de Ricardo López Aranda, Joaquín Marrodán y José Martín Recuerda", VI Otoño Romero Esteo - Congreso: Dramaturgias en la cuneta, 2024.

familia modesta cuyo contorno incide con sencillez sobre la vida de padres e hijos[10].

El prestigioso crítico Enrique Llovet no se limita a analizar los elementos textuales de la obra, sino que aborda ya otros aspectos no suficientemente atendidos por la crítica teatral, como el decorado, la puesta en escena, la actuación de los personajes, con alusión incluso a algunos de los que serían referentes fundamentales en diversos momentos del teatro español del siglo XX, como Stanislavsky:

> Más de veinticinco personajes en escena. Un decorado absolutamente extraordinario. Emilio Burgos ha conseguido fijar una casa completa, un patio, una calle, una atmósfera muy bien descrita, unas noches bien pesantes sobre la escena. Ángel F. Montesinos ha trabajado de manera muy "stanilavskyana", animando la acción con gran despliegue de ingredientes sonoros y visuales. Los personajes tienen buena movilidad, con forzada tendencia a la actuación frontal[11].

La obra mereció otras críticas elogiosas, que analiza David Ojeda Abolafia, a la vez que aborda el estudio de los personajes, el encuadre del espacio y del tiempo escénico en la acción dramática y la propuesta que con su pieza quiso hacernos llegar el dramaturgo[12].

Reproduce, entre otras críticas, la de Pedro Laín Entralgo, que subraya la capacidad del joven dramaturgo para impregnarse de la sensibilidad social de la época y dibujar en *Noches*

---

[10] Enrique Llovet, "María Guerrero: *Noches de San Juan*", *ABC*, 26 de abril de 1965, p. 83.

[11] Enrique Llovet, *Ibídem*.

[12] David Ojeda Abolafia, "Introducción a *Noches de San Juan*". En Ricardo López Aranda, *Teatro (Obras escogidas)*. Madrid, AAT, 1998, t. I, pp. 221-231.

de San Juan un cuadro de las gentes cuyo destino es básicamente el de sobrevivir:

> Su autor, hombre joven, ha llevado una vez más a la escena el ingrediente desesperanzado de la sensibilidad social de nuestro tiempo: la receptiva apertura del alma a la realidad de esas gentes grises que a través de pequeños conflictos, parvas alegrías y menudos fracasos se sienten social y psicológicamente forzados al módico destino de *"ir viviendo"* o *"ir tirando"*[13].

Poco después escribe *Yo, Martín Lutero* (1963) —obra que aparece también con el título El impostor—, la trilogía *Mario, Sila y César* (1963-1964) y *Noches de San Juan* (1964), que estrena con gran éxito en el teatro nacional "María Guerrero", dirigida por Ángel Fernández Montesinos e interpretada por Irene Gutiérrez Caba, José Bódalo y Maribel Martín, entre otros.

Si las biografías y autobiografías clásicas estaban condicionadas por ser actos cívicos políticos de glorificación o de autojustificación públicas de personajes reales[14], en la presentación escénica que lleva a cabo López Aranda de Lutero no intenta mostrar ejemplos de conducta ni extraer conclusiones generales.

El fenómeno que hoy pomposamente se denomina intertextualidad está presente en los autores de todas las épocas. Sucede en poesía con los petrarquistas respecto al gran creador de Laura y con los dramaturgos de los Siglos de Oro y los actuales en relación con los clásicos. Por ejemplo, Jerónimo de Cáncer reproduce en su *Vejamen* unas palabras de Agustín Moreto, en relación con el aprovechamiento y reelaboración que está llevando

---

[13] Pedro Laín Entralgo, "López Aranda (Ricardo), Esa gente gris" en Tras el amor la risa, teatro y vida I, Barcelona, editora Délos-Aymá, 1967, p. 34.

[14] Mijail Bajtín, *Teoría y estática de la novela*, Madrid, Taurus, 1989, p. 284.

a cabo de algunas comedias antiguas: "...que estoy minando imagina/ cuando tú de mí te quejas,/ que en estas comedias viejas/ he hallado una brava mina"[15].

En esta línea, la labor de López Aranda de adaptación de textos de otros autores, de incursión en los géneros históricos y biográficos, de reelaboración de obras clásicas, se entiende más cabalmente a la luz de la tesis de Julia Kristeva, según la cual todo texto es un mosaico de citaciones, todo texto se construye como un diálogo con otro texto[16]. A esta intención de diálogo con los personajes de la historia responden sin duda su obra *Yo, Martín Lutero*. Esta figura singular ha sido también objeto de representación teatral por parte de Pedro Laín Entralgo o María Manuela Reina.

Martín Lutero escribió su obra *De servo arbitrio* como respuesta al *Ensayo sobre el libre albedrío* de Erasmo. Lutero considera que la voluntad del hombre es tan impotente como su razón y que en realidad no es más que la fe sola lo que puede transformar al hombre. Los dramaturgos han subrayada más lo que supuso la obra y la actitud de Lutero como critica religiosa e incluso política frente a la ortodoxia católica que los asuntos doctrinales o teológicos.

López Aranda no pretende con la construcción dramática de la figura de Lutero presentar un ejemplo de teatro histórico sino más bien apelar a la historia para mostrar las conductas humanas:

> Se ha servido de la historia para hacer un drama en el que por debajo de la anécdota se descubre la intención del autor y que podríamos expresar como la inflexibilidad de los hombres para resolver los problemas que surgen de sus relaciones mutuas. Esa rigidez puede llegar a ser violenta, mediante coacción

[15] Citado por Francisco Ruiz Ramón en *Historia del teatro español (Desde sus orígenes hasta 1900)*, Madrid, Cátedra, 1981, 4° ed., p. 266.

[16] Julia Kristeva, *Sémeiotiké*, Paris, Seuil, p. 146.

moral o física. En situaciones de conflicto intenta persuadir al contrario y si no es posible, exterminarlo. En el fondo asistimos a la exposición del enfrentamiento de la libertad y la fuerza o el poder, religioso, político o económico[17].

El enfoque que adopta López Aranda de Lutero y de la reforma, según Ríos Sánchez, es fundamentalmente sociopolítico, aunque sin obviar los principios teológicos ni los intereses económicos. Todo con el propósito de "mostrar la tendencia del hombre a imponerse coactivamente sobre los demás desde distintos frentes bajo los cuales pueden entreverse diferentes sistemas de dominio y poder"[18].

Puede sorprender, según Arturo del Villar, que López Aranda se fije en Martín Lutero," un reformador triunfante de la Iglesia, cuando todos los personajes de sus dramas son fracasados". La explicación del investigador es que el dramaturgo no se interesa "por la reforma de la Iglesia, sino por las consecuencias políticas que derivaron de aquel hecho, en principio trivial, de clavar las 95 tesis sobre las indulgencias en la puerta de la catedral de Wittenberg en 1517 (aunque algunos historiadores dudan sobre la veracidad de esa tradición)"[19].

En su línea de cultivar diversas manifestaciones artísticas, Ricardo López Aranda se incorpora al Departamento de Guiones y Adaptaciones de Televisión Española y adapta para este medio numerosos textos de autores españoles y extranjeros, clásicos y contemporáneos. Comienza, así, su labor de adaptación y de

---

[17] Patrocinio Ríos Sánchez, "Introducción a *Yo, Martín Lutero*". En Ricardo López Aranda, *Teatro (Obras escogidas)*. Madrid, AAT, 1998, t. II, pp. 269-284; pp. 270-271.

[18] Patrocinio Ríos Sánchez, *o. cit.*, p. 275.

[19] Arturo del Villar, "La espera sin esperanza en el teatro de López Aranda", Conferencia pronunciada en el Ateneo Científico, Literario y Artístico de Madrid, el 16 de enero de 2007, Madrid, p. 66.

trasvase de unos géneros a otros, que desarrollará a lo largo de su trayectoria literaria.

En 1966 estrena en el "María Guerrero" la pieza para niños *El cocherito Leré*, escrita en colaboración con Ángel Fernández Montesinos[20], y al año siguiente Ana Mariscal dirige la adaptación que había realizado López Aranda de *El enfermo de aprensión* de Molière. En esta labor adaptadora de nuestro autor, ahora le toca el turno a *La Locandiera* de Goldoni, que representa la compañía "Tirso de Molina", dirigida por el injustamente poco reconocido cineasta y hombre de teatro Julio Diamante: A López Aranda, atento por un lado a los clásicos y por otro a las innovaciones escénicas, seguramente le interesó adaptar a Carlo Goldoni por ser un renovador del teatro italiano, que en esta pieza lleva a cabo, una auténtica modificación de la Commedia dell'Arte.

La crítica periódica destacó el valor de la pieza y la acertada adaptación de Ricardo López Aranda:

> Dentro de esa línea, *La Locandiera* es una pieza maestra; obra de enredo, extraordinariamente ingeniosa, con gracia a raudales, picara y desenvuelta hasta el límite, donde el móvil de acción de la casi totalidad de los personajes es el deseo carnal, expuesto con la desenvoltura propia del género farsesco: con alegre ingenuidad.
>
> Los valores de fondo y forma de la obra han sido no solamente respetados, sino francamente acrecentados, por la acertada adaptación de Ricardo López Aranda, que la ha podado de la hojarasca dieciochesca con que la adornara el veneciano —hoy

---

[20] En el programa de El cocherito Leré (1966) aparece como coautor Ángel Fernández Montesinos, aunque los manuscritos y archivos la atribuyen a Ricardo López Aranda, lo que podría indicar distintas versiones de la obra.

innecesaria— y ha resuelto las numerosas mutaciones con una escena múltiple al gusto actual[21].

En 1967 adapta la obra de Maurice Maeterlinck *El pájaro azul*, que se representa en el teatro María Guerrero, dirigida por Ángel Fernández Montesinos, con Irene Gutiérrez Caba y Manuel Galiana como protagonistas. Dos años después estrena su adaptación de *Fortunata y Jacinta* de Pérez Galdós en el teatro Lara de Madrid con Nati Mistral y Lola Herrera. Juntamente con Angelino Fons y Alfredo Mañas realiza el guion cinematográfico de *Fortunata y Jacinta*, que dirige Fons y recibe un galardón en el festival de San Sebastián. Entre sus intérpretes principales figuran Emma Penella, en el papel de Fortunata; Liana Orfei, en el de Jacinta; Máximo Valverde, en el de Juanito Santacruz; Bruno Corazzari, en el de Maximiliano Rubín y Terele Pávez en el de Mauricia la dura. Esta adaptación de Angelino Fons no ha sido especialmente valorada por la crítica, insistiendo en que el director se pierde por los vericuetos de la larga novela, se demora en tramas colaterales, como la de la loca en el reformatorio, sin conseguir llevar la narración de una manera equilibrada. Se ha señalado, por otra parte, que la ambientación y los recursos luminotécnicos son a veces pedantes.

Fortunata y Jacinta de Pérez Galdós ha sido objeto de nuevas reescrituras, entre ellas, alguna para televisión, y ha sido aprovechada como un documento histórico, social e incluso económico de la época. Es ilustrador a este respecto que el segundo capítulo lleve este significativo título: "Vistazo histórico sobre el comercio matritense".

En el año 1930 la *Fortunata y Jacinta* conoció ya la versión teatral realizada por Soler, Amarillas y López Alarcón, que fue

---

[21] Arjona, "La Compañía Calderón de la Barca presentó *La Locandiera*, de Goldoni", *ABC*, edición de Andalucía, 26 de diciembre de 1971, p. 67.

dirigida por Luis Uriarte y contó como principal actriz con Margarita Xirgu. Sin embargo, como explica Sara Akkad Galeote[22], el referente único de la versión de López Aranda fue la novela de Pérez Galdós, de la que el autor eligió las escenas que podían alcanzar mayor fuerza dramática.

Como ha comentado la citada investigadora, López Aranda en el estreno de 1969 escribió un *Ars poetica* para exponer algunos pormenores de su adaptación y con motivo de su representación en el Festival Internacional de Santander (1993) advirtió que no había que olvidar que se trataba de géneros diferentes, aunque compartiesen el núcleo argumental y los nombres de algunos personajes: "... puesto que el teatro y la novela son géneros distintos las obras deben ser distintas. Podrían acaso tener en común el nombre de los personajes principales y el núcleo argumental (...) En el teatro es situación lo que en la novela es narración"[23].

Sara Akkad reproduce las críticas de Laín Entralgo, Gabriel García Espina, Elías Gómez Picazo y comenta las distintas puestas en escena que se hicieron de esta versión dramática, entre ellas la del *Festival Internacional de Santander* de agosto de 1993 y la del reestreno en el Teatro español de Madrid en septiembre de 1994. En todos los casos la versión de López Aranda alcanzó gran repercusión:

> En cada uno de los estrenos la adaptación adquirió un eco considerable, algo que no solo se debió al hecho de tratarse de la versión teatral de una de las novelas contemporáneas más apreciadas de la literatura española, que además pertenece a uno de nuestros grandes escritores, sino también al reto que suponía adaptar una novela de gran extensión tanto en páginas

[22] Sara Akkad Galeote, "Introducción a *Fortunata y Jacinta*". En Ricardo López Aranda, *Teatro (Obras escogidas)*. Madrid, AAT, 1998, t. II, pp. 507-518.

[23] Citado por Sara Akkad Galeote, "Introducción a *Fortunata y Jacinta*", p. 508.

como en descripción de ambientes y personajes, y que (...) suscitó expectación y provocó las más variadas reacciones[24].

En 1972 sube a las tablas su adaptación de *El Buscón* de Quevedo en el Teatro Español de Madrid por su compañía titular, dirigida por Alberto González Vergel e interpretada por José María Prada, Lola Cardona, Luisa Sala y Andrés Mejuto, entre otros.

En la crítica aparecida en la edición del *ABC* de Andalucía se observa que López Aranda se mantiene fiel al texto de Quevedo, sin olvidar los Sueños de este mismo autor y la reutilización de los procedimientos plásticos de Goya y los esperpentos de Valle-Inclán[25]. La deformación de los personajes en las pinturas negras del artista aragonés y los personajes esperpénticos que Valle-Inclán presenta a través de la estética deformada de los espejos del Callejón de Álvarez Gato, son sometidos a una nueva caracterización por López Aranda en una obra que subtitula "Esperpentomaquia".

En estos años se produce en el teatro español un resurgimiento del esperpento valleinclanesco gracias a autores como Rodríguez Méndez, Carlos Muñiz, Alfredo Mañas y el propio López Aranda. Berta Muñoz se refiere al artículo de Laín Entralgo "El auge del esperpento" en el que se hacía eco de este fenómeno y consideraba la versión de nuestro autor como un claro exponente del mismo. Junto al éxito del *Buscón* sitúa Laín Entralgo el triunfo de *Luces de bohemia* en esta misma temporada, y otros espectáculos próximos al género esperpéntico como la adaptación que realizó Alfredo Mañas de *Misericordia* de Pérez

---

[24] Sara Akkad Galeote, "Introducción a *Fortunata y Jacinta*", p. 511.

[25] "Talía en Madrid: *El Buscón*, en el Español...", *ABC*, edición de Andalucía, 19 de abril de 1972, p. 49.

Galdós, el espectáculo *Castañuela 70* del Grupo Tábano o *Tiempo del 98* de J.A. Castro[26].

En su línea de admiración galdosiana escribe el guion de *Tormento*, que dirige Pedro Olea y la película es merecedora de varios premios en el Festival Internacional de San Sebastián. En esta versión fílmica destacan Concha Velasco en el papel de Rosalía Pipaón de Bringas y Francisco Rabal en la personalidad del indiano Agustín Caballero. Rafael Alonso cumple bien encarnando al burócrata sencillo y bondadoso Francisco Bringas. Y si Ana Belén incorpora perfectamente el carácter cobarde, indeciso y vacío de Amparo, no puede decirse lo mismo de Javier Escrivá, que, según Quesada, no deja traslucir la compleja personalidad de Pedro Polo, el cura entregado a sus pasiones y víctima dolorosa de ellas[27]. De todas formas, la adaptación de *Tormento* es de una gran dignidad técnico-formal[28].

Siguiendo su operación de reescritura de textos clásicos, realiza una versión del *Quijote*, que dirige Ángel Fernández Montesinos en el Teatro María Guerrero de Madrid y las adaptaciones de *La Celestina*, de Fernando de Rojas, de *La Pícara Ventera* de Goldoni y de *El sombrero de tres picos*, de Pedro Antonio de Alarcón, representadas por la compañía "Tirso de Molina".

La evocación del pasado que se lleva a cabo en la obra de Pedro Antonio de Alarcón no es tan sentimental como en los relatos románticos, sino más plástica. Dicha plasticidad, como advierte Montesinos, reside sobre todo en los retratos, comenzando por el del molinero Lucas y continuando por el de los personajes

---

[26] Berta Muñoz Cáliz, "Introducción a *El Buscón*". En Ricardo López Aranda, *Teatro (Obras escogidas)*. Madrid, AAT, 1998, t. II, pp. 384-385.

[27] J. Quesada, *la novela española y el cine*, Madrid, Ediciones JC, p. 96.

[28] Francisco Gutiérrez Carbajo, *Literatura y Cine*, Madrid, Ediciones UNED, 1993, p. 94.

principales (Corregidor, Molinera, Corregidora) y secundarios (Garduña, el Alguacil y Juan López, el alcalde de monterilla). Estos matices plásticos favorecen la labor de la adaptación teatral y cinematográfica. Además de la versión de López Aranda, la primera adaptación cinematográfica que se hizo de esta novela en España lleva como título *La Traviesa Molinera* y fue su director el francés Harry d'Abbadie d'Arrast, antiguo ayudante de Charles Chaplin[29]. El citado director, como escribe Quesada, «se unió al español Soriano para producir la película, que se rodó en Madrid sobre un guion de Edgar Neville, con música de Rodolfo Halffter y fotografía al cuidado del alemán Kruger y del español Mascasoli. Con esta película se propusieron sus productores realizar un cine de exportación, competitivo en los mercados internacionales. Por eso se hicieron tres versiones: una española bajo el título de *La Traviesa Molinera,* una francesa estrenada como *Le Tricorne* y otra inglesa que se tituló *It happened in Spain.* Se buscaron intérpretes de máxima calidad en aquellos tiempos: Alberto Romea, Hilda Moreno, la hollywoodense Eleanor Boardman, Manuel Arbó, etc. Se cuidó hasta el mínimo detalle, especialmente las calidades plásticas de la imagen, bien servida por una cuidada ambientación un tanto al servicio del tópico andaluz»[30].

Otra nueva versión de *El sombrero de tres picos* lleva también el título de La *Pícara Molinera* (1955). La dirección corre a cargo de León Klimowsky; el guion es de Arozamena y Colina y la música de Cristóbal Halffter. Entre sus intérpretes figuran Carmen Sevilla, Francisco Rabal, Mischa Auer y Madeleine Lebeau.

En 1974 López Aranda realiza la versión de *Juno y el pavo real* de O' Casey, presenta su obra de café-teatro *Los extraños amantes* en la Sala Long Play de Madrid, adapta *La Dorotea* de

[29] Francisco Gutiérrez Carbajo, *Literatura y Cine,* Madrid, Ediciones UNED, 1993, p. 90.

[30] J. Quesada, *la novela española y el cine,* Madrid, Ediciones JC, p. 60.

Lope de Vega y *El Tartufo* de Molière, y estrena en Zaragoza *Los salvajes del extraño paraíso*, versión de su obra *Conchita la Miracielos*. Al año siguiente adapta *Las mujeres savias* de Molière, *María Estuardo* de Schiller, *Reinar después de morir* de Vélez de Guevara y *Un enemigo del pueblo* de Henrich Ibsen.

En 1976 redacta la obra *Un periodista español* sobre la figura de Mariano José de Larra. En su constante labor de revisión de los textos, más tarde publicará versiones de la misma con los títulos de *La pasión de vivir* y *La última noche*. Al año siguiente adapta para Televisión Española *El burlador de Sevilla* de Tirso de Molina y *Fortunata y Jacinta* de Pérez Galdós. López Aranda es un galdosiano confeso y convencido, y logra trasladar a los códigos visuales todas las virtualidades expresivas de los textos del escritor canario.

En este proceso de reelaboración continua, López Aranda, transforma su obra *Conchita la Miracielos* y la estrena en 1974 con el título de *Los salvajes del extraño paraíso* y en 1978 con el de *Isabelita la Miracielos*.

Si con anterioridad ya había realizado una incursión en la obra de Fernando de Rojas, *La Celestina*, en 1980 sube la pieza al escenario del teatro Espronceda de Madrid con el nombre de sus jóvenes protagonistas, *Calixto y Melibea*. A su vez, su adaptación de *El sombrero de tres picos* de Pedro Antonio de Alarcón, que, como se ha comentado con anterioridad fue estrenada en Madrid por la compañía "Tirso de Molina", esta misma compañía la pone en escena en 1981 en el Teatro Hidalgo de México, D.F. Al año siguiente escribe para el canal 13 de la televisión mexicana la serie *Leona Vicario*, integrada por 30 capítulos. En el contexto de esta etapa americana estrena *Isabelita la Miracielos* en el Theatre Thalia de Greenpoint de Nueva York en 1983. En este mismo año conoce su primera representación en el Teatro de la Comedia de Madrid con *Isabel, reina de corazones*, dirigida por Antonio Mercero, con escenografía de Alfonso Barajas e interpretada por Nati Mistral, Anastasio Campoy, Conchita Montes, Víctor Valverde, Aurora Redondo, Ángel Terrón y Vicente Parra, entre otros.

Lorenzo López Sancho, que habla de "ucronía fantástica" a propósito de esta obra, observa que nuestro autor "presenta a Isabel II ya en el palacio de Castilla de la avenida de Kleber, a dos pasos como quien dice del Arco de Triunfo, de París, instalada en un mundo que por voluntad del escritor es el reino de la ucronía. De las cosas que sucedieron o no, pero que podrían haber sucedido y sirven para montar un poema dedicado a "la de los tristes destinos", desde la comprensión y la ternura"[31].

Lorenzo López Sancho traza un panorama completo y casi visual de los personajes sobre los que se teje la intriga de la obra:

> Allí está Galdós, que quizá tiene veintisiete años cuando en realidad visita a la Reina destronada y tal vez más de sesenta cuando Isabel muere, pero no envejece porque es un ser ilusorio, luego intemporal. Allí, sor Patrocinio, "la monja de las llagas", que ya ha muerto cuando Galdós es recibido por la Reina. Allí el general Serrano, que ya no es el "general bonito", sino un ochentón -esperpéntica caricatura- cuando visita por última vez a la Soberana de la que un tiempo fue favorito. Allí el difamado Francisco de Asís, su desdichado marido, de quien Valle-Inclán decía en una de sus mayores obras que "en el quicio de una puerta/ lloriquea y hace pis". Allí Meneses, eterno amante, según el autor, de don Francisco y pretexto para una reivindicación amorosa del llamado "amor griego". Allí Eugenia de Montijo, viuda de Napoleón III, loca y vuelta a su cordura. Todos en una mixtura, en un barajar del tiempo, que para unos pasa feroz y para otros, Isabel, Galdós, no transcurre. Para ella, porque se sueña. Para él porque es su sueño. El de la Soberana, amiga y confidente[32].

---

[31] Lorenzo López Sancho, "Ucronía fantástica en *Isabel, Reina de Corazones*", *ABC*, 21-9-1983, p. 59.

[32] Lorenzo López Sancho, *Ibídem*.

López Sancho resalta en esta pieza el laborioso proceso de documentación, la carga poética y la fantasía creadora. Al autor parece interesarle más la compleja personalidad de la "soberana sensual" que los aspectos sociales y políticos de su agitado reinado. No es su intención construir un drama histórico sino más bien presentar un cuadro con una técnica impresionista.

El crítico se detiene en la interpretación de los actores con especial atención a Nati Mistral, que alcanza con esta actuación la cima más alta de su carrera hasta entonces. Conchita Montes da vida a una deliciosa Eugenia de Montijo. A ella se le encomiendan las réplicas más graciosas y atinadas de la obra. La Sor Patrocinio que interpreta Aurora Redondo está impregnada de finura humana y de espléndida caricatura, mientras que Víctor Valverde compone con apostura un Galdós tímido y lleno de "alelado respeto"[33].

En el año 1996 muere López Aranda en Madrid a los 62 años. El legado que nos ha transmitido -del que solo hemos seleccionado en esta exposición algunas de las que consideramos muestras más significativas- es uno de los más sólidos, ricos y variados en el panorama cultural español del siglo XX.

La contrata y *Esperando la llamada*, se inscriben claramente en la corriente del teatro realista, de la que López Aranda fue el más joven autor. Sin embargo, su trayectoria, extensa y diversa, va más allá de ese marco. Autor prolífico y en constante búsqueda, dejó numerosas obras aún inéditas, que aguardan ser leídas, estudiadas o representadas. Su redescubrimiento no haría sino confirmar la riqueza y complejidad de una voz dramática singular dentro del panorama teatral español.

---

[33] Lorenzo López Sancho, "*Ucron*ía fantástica en Isabel, Reina de Corazones", ABC

EL REALISMO SOCIAL O EL REALISMO CRÍTICO

Como ya hemos comentado en otros trabajos[34], Carlos Barral ha dedicado algunas páginas de sus *Memorias* a historiar este movimiento, del que, por otra parte, no se consideraba ajeno. En el campo de la narrativa dos de los más importantes ideólogos del realismo social son José María Castellet y Juan Goytisolo y en el del teatro su máximo valedor es Alfonso Sastre, cuyos estudios sobre esta corriente causaron un gran impacto.

Ricardo Senabre ha señalado la admiración que el "realismo crítico" sentía por Antonio Machado, junto a Galdós, Clarín, Baroja, y John Dos Passos y Vasco Pratolini, entre los extranjeros[35]. La admiración de Ricardo López Aranda por autores realistas como Galdós ha quedado manifiesta en la somera exposición que hemos realizado de la adaptación de algunas de sus obras. Rememora Barral las reuniones en cafés de Madrid como *Gambrinus* de los escritores Armando López Salinas, Antonio Ferres, Jesús López Pacheco, Juan García Hortelano, Gabriel Celaya, Ángel González, convocados en muchos casos por el dramaturgo Alfonso Sastre. Parece que a estas reuniones acudían eventualmente Juan Benet y Luis Martín Santos. José Carlos Mainer ha recordado, entre sus contertulios habituales en el café *Gambrinus* del Madrid de aquellos años, a Rafael Sánchez Ferlosio, Juan Benet, Ignacio Aldecoa, Alfonso Sastre, es decir, "el grupo matriz de la postura neorrealista que iba a hacer furor

[34] Francisco Gutiérrez Carbajo, introducción y edición de *Dos días de setiembre*, de José Manuel Caballero Bonald, Madrid, Castalia, 2005, pp. 24 y ss.; introducción y edición de *Testa de copo*, de Alfonso Grosso, Madrid, Castalia, 2006, pp. 7-40; introducción y edición de *Las bicicletas son para el verano* de Fernando Fernán Gómez, Madrid, Cátedra, 2010, pp. 36-41.

[35] Ricardo Senabre, "La novela del realismo crítico", *Eidos*, 34 (1971), p. 7.

en la literatura de los años siguientes". Hace reparar cómo "el grupo va ligado a una significativa batalla política"[36] y a la "paralela aparición de grupos similares en Barcelona", integrados, entre otros, por Lorenzo Gomis, Matute, Goytisolo, Lacruz, los hermanos Ferrater, Castellet, Barral y Sacristán. Barral hace también memoria de otros encuentros que tuvieron una importancia decisiva para el desarrollo del realismo social.

En este año 1959, en el que publica López Aranda su versión de *Edipo Rey* en la revista *Acento cultural*, termina a efectos culturales la guerra civil, según Fernando Morán, "coincidiendo con el primer plan de estabilización, con una cierta apertura hacia Europa occidental (...) y, sobre todo, la emigración, y con la aparición en el horizonte nacional de posibilidades de desarrollo económico, social y político conforme al esquema capitalista"[37].

La citada revista *Acento cultural* y otras publicaciones, como *Revista Española, Laye, Ínsula*... constituyeron auténticas tribunas para la difusión de los presupuestos del realismo social. *Revista Española* fue fundada por Antonio Rodríguez Moñino, sacó seis números durante los años 1953 y 1954, y su consejo de redacción estaba integrado por Ignacio Aldecoa, Rafael Sánchez Ferlosio y Alfonso Sastre. Entre los colaboradores -además de los citados- destacan, entre otros, Truman Capote, Dylan Thomas, Ana María Matute, Josefina Rodríguez Aldecoa, Fernández Santos y José María de Quinto, el único, según Alfonso Sastre, que -juntamente con él- "estaría por una literatura social"[38]. Si,

[36] José-Carlos Mainer, Prólogo a *Tiempo de destrucción de Luis Martín Santos*, Barcelona, Seix Barral, 1975, pp. 10-11.

[37] Fernando Morán, "La novela entre el subdesarrollo y la sociedad de masas", *Cuadernos para el Diálogo,* Número extraordinario XV, Madrid, julio 1969, p. 61.

[38] *Apud* Francisco Álamo Felices, *La novela social española. Conformación ideológica, teoría y critica*, Servicio de Publicaciones de la Universidad de Almería, Almería, 1996, p. 169.

como observa, Santos Sanz Villanueva[39], *Revista Española* constituyó el punto de encuentro del núcleo inicial de la corriente neorrealista, *Acento cultural* reflejaría la coincidencia de los representantes de una postura más crítica, que es la defendida en aquellos años por Ricardo López Aranda. Una función quizá más radical que *Acento cultural* desempeñó la revista *Laye* en Cataluña, con redactores como Castellet, Manuel Sacristán, Juan Ferraté, y colabores como Carlos Barral y Gil de Biedma. Como han observado algunos críticos, la revista *Laye* realizó un esfuerzo por salir de la anemia cultural y política de aquellos años y oponer un proyecto de dinamización al "ambiente de sumisión, burocratización e integrismo que caracterizaba la práctica cultural y social de postguerra"[40]. Alfonso Sastre -que publica con J. M. De Quinto su Manifiesto del *Teatro de Agitación Social* en la revista oficial *Hora*- se refiere a los responsables de *Laye* como integrantes de "un grupo de falangistas que, a través de un proceso, deja de serlo y arriba a posiciones marxistas o paramarxistas"[41]. Otras revistas, como *Índice, El ciervo, La estafeta literaria,* cuya línea editorial no coincidía con los presupuestos del realismo social, también dieron cabida en sus páginas a algunos de sus representantes. Mención especial merece para los estudiosos la revista *Ínsula,* que dedica varios artículos al asunto que nos ocupa en la década comprendida entre 1957 y 1967, y acogió a varios nombres de esta corriente, como José María Castellet, López Pacheco, Marra-López y Juan Goytisolo, en cuyo número 146 de enero de 1959, publica su artículo "Para una

---

[39] Santos Sanz Villanueva, *Historia de la novela social española (1942-75),* Alhambra, Madrid, 1986, 2 vols., vol. I, p. 80.

[40] J.A. Rafael Millán, "Notas en torno a Laye", *Abalorio,* n°s 17-18, otoño-invierno 1989-90, monográfico "Laye (1950-1954). Cultura de la resistencia en la posguerra", p. 9.

[41] Alfonso Sastre, "Poco más que anécdotas "culturales" alrededor de quince años (1950-1965)", *Triunfo,* Extra sobre "La Cultura en la España del siglo XX", n° 507, 17 de junio de 1972.

Literatura Nacional Popular". Sanz Villanueva ha destacado la importancia que tuvo para el asentamiento de la generación del medio siglo la serie de artículos que, desde 1960, publicó en ella el estudioso del teatro Ricardo Doménech.

Al realismo crítico al que se adscriben como se ha señalado, algunas obras de Ricardo López Aranda se refiere Fernando Fernán-Gómez, no valorando con excesivo entusiasmo la dimensión de este movimiento:

> ... En realidad no había más que unas obras que hacía el grupo que llamábamos "existencialista", que estaba compuesto por Alfonso Sastre, Alfonso Paso, Ignacio Aldecoa, los hermanos De Quinto, Francisco Tomás Comes... Era un grupo de jóvenes que empezaron a reunirse en el Café Gijón -más jóvenes aún que nosotros-, y que lo que sabíamos de ellos es que estaban muy enterados de lo que era el existencialismo. Ellos sí hicieron unas representaciones en las que estrenaron piezas cortas, sobre todo Sastre y Paso[42].

La defensa del realismo social se convierte en algunos de sus cultivadores en una actitud de clara movilización, que consideran compatible con la vanguardia artística y con la independencia y la libertad del escritor[43]. Estos presupuestos son reiterados en los años en que Ricardo López Aranda escribe algunas de sus mejores obras:

> Un teatro realista es, todavía, un programa de vanguardia: algo por hacer. Partiríamos de las lecciones de Stanislavski, de un Stanislavski, ya sometido a la crítica práctica y teórica de las vanguardias posteriores; y resultará, cuando lo hagamos,

[42] Enrique Brasó, *Conversaciones con Fernando Fernán-Gómez*, Madrid, Espasa Calpe, p. 59.

[43] Alfonso Sastre, *Anatomía del realismo*, Barcelona, Seix Barral, 1965, p. 30; 2ª ed., Barcelona, Seix Barral, 1974.

un fenómeno muy extraño e inquietante, que contará con las experiencias pictóricas del hiperrealismo[44].

A Stanislavski se refería ya Enrique Llovet a propósito del estreno de *Noches de San Juan* de López Aranda.

Muchas de estas ideas han sido revisadas en escritos posteriores, en los que se aborda la naturaleza del teatro histórico en Ricardo López Aranda y en otros autores, como Jerónimo López Mozo, Domingo Miras, Carlos Muñiz, Rodríguez Méndez, José Martín Recuerda, Manuel Martínez Mediero, Alberto Miralles, Concha Romero, etc...[45]

Algunas de las producciones de Carlos Muñiz o Rodríguez Méndez, pueden adscribirse al realismo social o realismo crítico, aunque tanto ellos como Ricardo López Aranda no siguen ortodoxamente los principios formulados por los defensores de esta tendencia. Alfonso Paso, Alfonso Sastre y José María de Quinto representaron por primera vez a García Lorca después de la guerra en un teatro que existía en el Parque Móvil de los Ministerios[46]. Si en algunas de las obras más radicales intentaron transformar el mundo, persiguieron igualmente renovar la lengua literaria de la obra dramática. Y si ello es válido para los representantes del realismo, es casi una consigna en los autores del "nuevo teatro", como López Mozo o Miralles y en los de las generaciones posteriores.

Rafael Bosch considera el socialrealismo una resurrección de la corriente social de los años treinta del siglo XX no en virtud de su inexistente influencia literaria sino por la similitud de

---

[44] El texto fue publicado en diciembre de 1980 en la revista vasca *Ere*, y aparece incluido en Alfonso Sastre, *Prolegómenos a un teatro del porvenir*, HIRU Argitaletxea, Hondarribia (Gipuzkoa), 1992, pp. 12-13.

[45] Alfonso Sastre, *Prolegómenos a un teatro del porvenir*, p. 131.

[46] *Ibídem*, p. 124.

las causas sociales[47]. Eugenio G. de Nora, Soldevila-Durante y otros críticos destacan la influencia del neorrealismo italiano literario y cinematográfico, presencia neorrealista que para Corrales Egea[48] y Barrero Pérez[49] representa un anacronismo. Y si Gil Casado analiza la función de los escritores de esta generación, fundándose, entre otros -como ya se ha apuntado- en Lukács, Brecht, Chiarini y Galvano della Volpe, una interpretación marxista es la que aplica igualmente Valeriano Bozal[50]. Otra cuestión fundamental de esta corriente -junto a los temas y las influencias- es la referida al lenguaje y al estilo. Si Nora observa que intentan corregir el "esteticismo" y el idealismo de la generación anterior, lo cual no impide que "cuiden y afinen su prosa"[51], Martínez Cachero subraya el "descuido del estilo"[52] y Darío Villanueva declara que "el realismo social había fracasado por su ramplonería estética"[53]. Sin embargo, no es esta la opinión generalizada entre los estudiosos. No conviene olvidar, que, si sus creaciones se erigen de forma explícita en "respuestas significativas" a una situación particular, ello no implica -por

---

[47] Rafael Bosch, *La novela española del siglo XX*, Las Américas, Nueva York, 1971, vol. II, p. 79.

[48] José Corrales Egea, *La novela española actual (ensayo de ordenación)*, Cuadernos para el Diálogo, Madrid, 1971, p. 22.

[49] Óscar Barrero Pérez, "Interpretación global de un fenómeno: el arcaísmo histórico del socialrealismo", en *Revisión historiográfica del realismo social en España*, cit., p. 57

[50] Valeriano Bozal, *El realismo entre el desarrollo y el subdesarrollo*, Ciencia Nueva, Madrid, 1966, pp. 110-112.

[51] Eugenio G. de Nora, *Novelas española contemporánea (1930-197)*, Gredos, Madrid, 2°ed., 1972, p. 263.

[52] José María Martínez Cachero, *La novela española entre 1936 y 1980*, Castalia, Madrid, 1985, p. 59.

[53] Darlo Villanueva, "La novela", en *Letras Españolas, 1976-1986*, Castalia, Madrid, p. 30.

parte de los autores más representativos- la desatención a los aspectos formales del relato. Para Caballero Bonald, la eficacia social de la literatura se establece a partir de su eficacia artística, y para Juan Goytisolo el compromiso del escritor se sitúa "en un triple plano: social, personal y técnico"[54].

Arturo del Villar incluye dentro del "Teatro social realista" las siguientes obras de Ricardo López Aranda: *Nunca amanecerá, Esperando la llamada, Cerca de las estrellas, Noches de San Juan* e *Isabel, reina de corazones*[55]. El resto de sus piezas las adscribe el citado crítico al *"Teatro social alegórico"*[56].

La corriente realista se complementa en el teatro de López Aranda, según mi parecer, con la vertiente histórica o historicista y con el componente existencial. Estos componentes no establecen entre si una relación de oposición o de exclusión sino de complementación y solidaridad.

---

[54] Juan Goytisolo, *El furgón de cola*, Ruedo Ibérico, París, 1967, p. 36, n° 3.

[55] Arturo del Villar, *La espera sin esperanza en el teatro de López Aranda*. Conferencia pronunciada en el Ateneo Científico, Literario y Artístico de Madrid, el 16 de enero de 2007. Madrid, pp. 31-54.

[56] *Ibídem*, pp. 55-89.

LA CONTRATA Y ESPERANDO LA LLAMADA

Ricardo López Aranda es un autor minucioso en la construcción teatral. Cada uno de sus textos es objeto de múltiples revisiones y modificaciones hasta que se nos ofrece la versión con la que se encuentra satisfecho. Se trata de un proceso que en el campo de la poesía se consolida sobre todo a partir del modernismo. Rubén Darío, Antonio Machado, Juan Ramón, Jorge Guillén..., y así hasta llegar a nuestros días van depurando sus composiciones en búsqueda de la esencialidad. En el género de la narrativa y del teatro también contamos con significativos ejemplos, atendiendo solo a aquellos casos en los que los autores se han dignado ofrecernos las primeras versiones de sus escritos. En épocas anteriores conocemos igualmente casos de esta labor de reelaboración constante. La obra no solo es abierta porque haya de completarse con las inferencias abductivas del lector o del espectador en la línea de las propuestas de Umberto Eco, sino porque el propio autor, una vez terminada la obra, parece resistirse a echarle el "cierre" definitivo.

López Aranda que, tal como se ha expuesto con anterioridad, realizó numerosas adaptaciones o reescrituras de textos de otros autores, sometió a un riguroso proceso la elaboración de los textos propios. Como un orífice que va puliendo cada una de las piezas para que ajuste con todo rigor y exactitud el mecanismo, nuestro autor limpia y afina cada uno de sus escritos en una labor de depuración constante. Sus obras, aparentemente sencillas, siempre son objeto de un previo y denso proceso de elaboración. Con frecuencia les cambia el título, y en ocasiones una obra le sirve de ensayo para la siguiente, como parece que sucede con *La contrata* y *Esperando la llamada*. Entre una y otra existen numerosas analogías, pero a la vez se muestran diferencias significativas.

Aunque en algún momento se planteó una posible vinculación entre *No hay tiempo de esperar la noche*[57], *Tiempo de esperar* y las obras *La contrata* o *Esperando la llamada*, lo cierto es que se trata de piezas distintas, con entidad propia, lo que no hace sino reafirmar la riqueza y la prolífica obra de López Aranda.

Casi una década debió de transcurrir entre el primer manuscrito de la obra titulada *La contrata* y el texto que aparece en 1963 bajo el título de *Esperando la llamada* y que se publica en la colección Autores noveles del Teatro Español Universitario. Esta última parece haber llevado previamente el título de *Estoy aquí, esperando la llamada*. El autor da así por concluida esta obra, a sus 29 años y en el texto manuscrito que nos ha proporcionado su viuda Germaine Jagu escribe: "Si bien retocada ahora, la escribí a los diecinueve años", es decir en 1953. En este escrito resume perfectamente el contenido de estas obras: "Un hombre y una mujer encerrados en una habitación amándose y torturándose precisamente porque se aman, al enfrentarse con un problema que no sé si habré sabido exponer pero que está ahí palpitante bajo cientos de tejados que es quizá el problema de alguno de sus hijos o bien el suyo propio".

En *La contrata* y *Esperando la llamada* se privilegia, desde mi punto de vista, el problema vital o existencial, aunque no podamos prescindir de su dimensión y de su determinación social. Lo comprobaremos analizando brevemente la primera e intentando

[57] *No hay tiempo de esperar la noche* es un drama en diez personajes que aborda temas como la enfermedad y el sentido de la vida y de la muerte. Fue presentada en una lectura escenificada por el Teatro Español Universitario el 19 de diciembre de 1959 en el Ateneo de Santander.

elucidar cómo esta fue desarrollándose, ampliándose y modificándose hasta llegar a *Esperando la llamada*.

La contrata es una obra estructurada en tres actos y sustentada sobre dos únicos personajes Andrés y Luisa, de los que solo se nos proporciona en la didascalia extradiegética que el primero tiene veintitrés años y la segunda veinte. En *Esperando la llamada* se nos aporta en la acotación inicial una detallada "psicología" de los personajes.

En el acto primero de *La contrata* el escenario es el cuarto de estar, en el que Andrés le está exponiendo a Luisa uno de los temas de su futura oposición. En lugar de asistir a una academia para "cantar los temas", como se dice todavía en el argot del sistema funcionarial español, el joven realiza esta operación ante su joven mujer. Lleva ya casi cuatro horas de exposición y tiene ganas de tirar los temas por la ventana. Luisa le dice que no son sus proyectos y se inicia -nada más comenzar la obra- esta dialéctica entre dos vidas muy juntas, pero también de vez en cuando separadas. Andrés aparece imbuido de un pensamiento filosófico y piensa, como Leibniz, Kant y algunos idealistas, que "la belleza de las cosas, como su fealdad, están más bien en nuestros ojos que en las cosas mismas".

En el receso, la pareja rememora con nostalgia acontecimientos del pasado y Luisa comenta que siempre le "inspiraron pena los hombres casados".

Pronto se introduce un tema, que adquirirá igualmente una gran eficacia dramática en *Esperando la llamada*. Es el tema del miedo. Pero no se trata del miedo como un mecanismo neurológico maduro, un mecanismo de defensa y de anticipación que nos sirve para protegernos de posibles acontecimientos adversos. Se trata más bien de un estado emocional, de un proceso existencial, que, en algunas obras de López Aranda, según mi parecer, no está muy distanciado de la experiencia del tedio. De ese sentimiento que, según algunos románticos como Leopardi, era más terrible que el dolor.

Esa atmósfera del miedo circula por varias piezas del autor, un miedo ante una amenaza que resulta difícil concretar, una amenaza que es más fácil experimentar o sentir.

En esta ocasión el miedo se concreta en el pánico a las oposiciones, un sistema que hemos sufrido muchos españoles y que José María Rodríguez Méndez escenificó magníficamente en *Los inocentes de la Moncloa* (1961). Este asunto enlaza en la obra de nuestro autor con la dificultad que encuentran los jóvenes para acceder al mundo profesional. Un tema, por tanto, de tremenda actualidad. Andrés también se plantea si lo que necesita nuestra sociedad son más profesionales y menos licenciados, o con sus palabras textuales: "Más monos de trabajo y menos corbatas".

Se empieza a entrever que junto al problema existencial cobra singular importancia el problema social. Se trata de lo que ya planteó Alejandro Sawa en el último tercio del siglo XIX en su novela *Declaración de un vencido,* obra, con la que estas piezas de López Aranda presentan no pocas similitudes, aunque el representante del naturalismo radical o de "barricada" prefiera el tremendismo a la visión existencialista. Para el personaje de Sawa el verdadero responsable de los males de la juventud es la sociedad.

Luisa y Andrés siguen recordando sus años universitarios, en los que, junto a las diversiones, figuran las exposiciones y las conferencias del Ateneo Científico y Literario de Madrid. Esta "docta casa" ocupa con todo merecimiento lugar destacado en otras obras literarias, y en concreto en la citada *Declaración de un vencido* de Alejandro Sawa.

Se mencionan igualmente los colegios mayores, que desempeñaron una función determinante en la formación y en la trayectoria literaria de López Aranda. Precisamente Andrés le informa a Luisa que un antiguo compañero suyo del colegio mayor, Alberto García, ha sido detenido por "provocar abortos". Esta misma experiencia carcelaria y por idéntico motivo sufrió el protagonista de la novela *Tiempo de silencio* de Luis Martín Santos.

Andrés no puede ocultar su estado de ánimo pesimista por su "fracaso profesional". Luisa le infunde ánimos y le dice que lo quiere por lo que es, no por lo que podría llegar a ser. La situación no es la ideal, pero podría ser peor: "Además, vamos tirando, ¿no? Podría irnos peor. Con tus clases y mis copias a máquina tenemos suficiente para los dos". Reconoce, no obstante, que en su situación no pueden permitirse tener un hijo, lo que produce una gran frustración a la pareja. Si Andrés duda si culpabilizar de su situación a Dios, Luisa argumenta que la responsabilidad la tiene la sociedad: "Esa sociedad que no permite a sus hombres comenzar a vivir antes de los treinta o los treinta y cinco años. Esa sociedad que desperdicia las mejores energías de la juventud" (p. 171).

Andrés quiere besarla y la joven comenta que deben seguir con el programa de las oposiciones. Se oyen notas de una flauta, como "lamento que brotara del alma", y Andrés exclama: "Tengo miedo... Tengo mucho miedo". Así termina el primer acto.

El segundo se inicia después de una elipsis de dos años y el paso del tiempo se refleja en el rostro de los actores. Son las dos de la madrugada y Luisa está todavía trabajando con la máquina de escribir. Luis le notifica que hace días se encontró con Ricardo Suárez, un antiguo compañero de Universidad, que disfruta de un buen trabajo, a pesar de sus pocos escrúpulos o quizá a causa de ellos. Le ha sugerido que colabore con él. Después de unas referencias a la guerra y al millón de muertos, leen anuncios en los periódicos y se refieren a su precaria situación:

han de pagar la habitación y comprarse unos zapatos y unas medias, pero solo disponen de cuatrocientas pesetas y todavía faltan diez días para que termine el mes. Frente al idealismo, y a la vez, la actitud un tanto desesperanzada de Andrés, la mujer quiere hacer prevalecer el sentido de la realidad: llevan ya tres años casados y no pueden estar esperando el giro al fin de cada mes: "Somos responsables. Nuestra vida es nuestra. Nuestras dificultades, nuestras. Nadie puede responsabilizarse por nosotros". Andrés no se resiste, quiere luchar, pero no sabe muy bien cómo ni contra quien. Sus frases son sentenciosas, pero se deja abatir por el fracaso. No cree ni en los propios guiones que escribe, mientras la mujer quiere "desempeñar la máquina y volver a las copias", aunque sea un trabajo que le repugna. También va desmoronándose. Su marido le dice que está débil, que trabaja demasiado, pero a la vez no deja de exponer su desencanto: cada vez le rechazan más y ya solo le quedan dos clases. Luisa, mucho más madura, le aconseja que busque un empleo, que ya no es un estudiante, que es un hombre con responsabilidad. Respecto a las oposiciones, le recuerda cómo se enteraron la última vez de que las plazas ya estaban dadas de antemano. Andrés sentencia que "todo está podrido", incluso los medios periodísticos, en una actitud que recuerda nuevamente a Carlos Alvarado de *Declaración de un vencido* de Alejandro Sawa.

Luisa va situando a su marido en su sitio y le comenta que su fracaso es suyo y que no puede arrastrarla a él. Cada uno confiesa su desconocimiento respecto del otro; la situación llega a la máxima tensión y en un acto de cobardía y de infamia, Andrés le propina un bofetón. Esta escena se repite en *Esperando la llamada*.

Luisa, que ya había decidido marcharse, ahora lo intenta con todas sus fuerzas, pero al final se queda. En el acto de reconciliación y acercamiento, recuerdan la etapa universitaria.

Andrés dice que va a guardar los libros y que buscará una realidad a la medida de sus posibilidades. La mujer, mucho más asentada en la realidad, mira la sección de demandas en un periódico y él mirando por la ventana al infinito pronuncia un discurso no exento de despecho. Termina el acto II.

El comienzo del acto III marca otra nueva elipsis de dos años. Estamos en el mismo escenario. Andrés llega de la calle y Luisa lo abraza y lo besa efusivamente y le muestra el pastel con velas encendidas. Lo ha preparado para celebrar el sexto aniversario de su boda. Pero Andrés no trae buenas noticias. La acción dramática marca un nuevo giro y un nuevo punto de inflexión. Ha estado con Suárez y ha tenido un grave accidente. La mujer también va a darle una noticia. Andrés le pregunta si se trata de una nueva desgracia y ella le contesta que, en cierto sentido, sí: van a tener un hijo. La reacción de Andrés es muy extraña y dice que tiene que hacer una llamada. La mujer se deja caer en el suelo sollozando. Andrés vuelve y hace que reaccione. Mañana irán a visitar a un médico porque quiere que su hijo no tenga dificultades. Suárez pasará a recogerlos. Arreglan todo para marcharse. Para Andrés todo ha terminado. Luisa, sin embargo, en tono fatalista replica: "No. Todo empieza ahora". Se abrazan. En la calle se oye el claxon de un coche y ellos "van saliendo enlazados" mientras el telón cae muy lento. Termina la obra.

Esperando la llamada se sustenta sobre los mismos personajes: Andrés y Luisa, el hombre con un año más que en la obra anterior y la mujer con dos. La acción dramática es bastante más extensa y la fábula presenta algunas diferencias respecto a *La contrata*.

El espacio escénico denota una precaria situación de los personajes que lo habitan: se trata de una buhardilla pobremente amueblada. En el primer término a la izquierda hay una ventana con visillos y debajo de ella, un poco a la derecha, la mesilla de noche, que está junto a la cama matrimonial. Una mesa de estudio, que sirve también para comer, aparece cubierta de papeles, un cenicero, un flexo, etc. En cuanto a la caracterización o lo que el autor denomina psicología de los personajes, Andrés es presentado como un hombre de veinticuatro años que gusta a las mujeres más que por su aspecto físico "por una especie de soterrada ternura". Debe dar la impresión, según el dramaturgo, de un niño grande. Luisa, su mujer, tiene veintidós años y es una muchacha con aire juvenil. Atendiendo a esta didascalia extradiegética, "debe encantar no solo a los espectadores sino más aun a las espectadoras. Es un poco la mujer que todas ellas quisieran ser".

En la "Nota para la dirección escénica" el autor advierte que, aunque en la obra haya muchas expresiones cariñosas y de que muchas escenas sucedan en la cama o que los actores paseen en ropa íntima, "por ningún pretexto debe convertirse la obra en "una comedia de alcoba".

Si al final de *La contrata* Luisa le comunicaba a Andrés que estaba embarazada, al comienzo de *Esperando la llamada* la mujer aparece "en un estado muy avanzado de embarazo". Como en la obra anterior, Andrés está recitando de memoria temas de las oposiciones y realiza comentarios sobre las clases que imparte.

De nuevo se hace explícito en escena el motivo del "miedo", ahora puesto en boca de la mujer. Siente el temor de que Andrés vuelva a fracasar en las oposiciones. Tampoco parece halagüeño el asunto de los guiones. Se desvela nuevamente su fatalismo pesimista: "No me aceptaron el guion. Ese teléfono no va a sonar esta noche ni mañana. Estamos como al principio".

Como en *La contrata*, Luisa es un personaje más valiente, menos ambiguo y habla de reconvertir el miedo en un mecanismo que le infunda fuerzas para actuar: "Pero es precisamente ese miedo, ese saber que todas las salidas ya están cortadas lo que te hará empujar más fuertemente".

Recuerdan, como en *La contrata,* los años transcurridos en la Universidad, aunque solo hace dos años que salieron de ella y se rememoran también las conferencias en el Ateneo.

Andrés, que ha hurgado en el bolso de Luisa, le habla de la carta de su padre y le dice que no quiere "nada de él. Ni de él ni de nadie". A diferencia de en *La contrata,* aquí se introduce, entre los conflictos dramáticos, la posibilidad o no de aceptar la ayuda de los padres de Luisa. Estos disponen de medios suficientes para encauzar la vida de los jóvenes, pero Andrés no quiere perder su autonomía ni su individualidad, aunque ésta se identifique casi siempre con el fracaso y la desesperanza. Luisa le anima a salir del impasse y a que luche. Le recuerda, no obstante, que nadie quiere publicar las tres novelas que ha escrito y que, aunque puedan ser geniales, a ella no le han gustado. Piensa que él tampoco debe de estar muy seguro de lo que ha escrito. Al mencionado personaje de *Declaración de un vencido* de Alejandro Sawa, también le rechazaron las novelas. La mujer le señala otra salida, que nada tiene que ver con sus aspiraciones intelectuales: ha oído hablar de hombres que van con una carreta por los pueblos: "Es ahí, ahí, donde hay que librar la batalla: Aquí todos saben tanto que no es posible enseñar a nadie". Andrés se siente cansado, decaído. La pareja simula una conferencia telefónica donde se le contrata el guion para pasar nuevamente a recitar los temas de las oposiciones. Luisa le confiesa varias veces su amor, pero Andrés está en otra cosa. Ahora el tema social cobra mayor dimensión que en *La contrata.* A pesar del férreo control puede ser que algún día "el agua derrumbe la presa (...) el pueblo calla pero ya es imposible engañarle". Luisa sigue teniendo fe en su marido, aunque él piensa que siguen en el mismo sitio y en la misma situación: varados, inmóviles. De nuevo aparece el fantasma del miedo, ese mecanismo neurológico que Andrés no sabe aprovechar ni manejar. Por mucho que su compañera le recuerde su espíritu luchador en la Facultad, él se considera ahora un fracasado. En su reducto familiar se siente afortunado, con su mujer y con su futuro hijo. En una secuencia escenifican su felicidad bailando y recordando. Pero Andrés insiste en que tiene miedo, mucho miedo, y Luisa le pide que asuma confianza, porque ese miedo puede aumentar también el suyo.

La mujer está ahora embebida fregando y arreglando la casa. Parece un anuncio de que algo va a ocurrir. Andrés descuelga el cuadro de la orla. El discurso de la mujer parece estrellarse contra un muro: le dice que hay tiempo de rectificar y él le contesta que no hay nada que rectificar porque no hay nada hecho. De nuevo se introduce el asunto de los padres de Luisa y ante la actitud paródica de Andrés, Luisa le refiere que ha oído llorar muchas noches a su madre en la alcoba. El joven por su parte no está dispuesto a recibir ayuda de los padres de Luisa, y considera que su hora llegará tarde o temprano. Considera que su futuro hijo se ha podido interponer incluso entre los dos (p. 109). Ella, por su parte, se siente unida más que nunca a su marido.

Luisa le confiesa que se ha atrevido a realizar personalmente una gestión ante un productor, pero ha resultado infructuosa (p. 114). Andrés intercala entre su discurso con Luisa, fragmentos de los temas de sus oposiciones. Como en *La contrata* se hace referencia a la guerra, pero de una manera poco explícita.

Se reitera de nuevo el asunto de la posible ayuda de los padres, pero Andrés no quiere que nadie le dé nada, quiere ganárselo él, sin sentirse encadenado. Luisa saca del bolso dos billetes de tren. Andrés toma una actitud casi incendiaria: "Es preciso quemarlo todo y empezar de nuevo" (p. 123). La mujer está dispuesta a marcharse muy a su pesar, pero la situación económica es insostenible. Se alude, como en *La contrata*, a la entrevista que mantuvo con el presidente del tribunal y a cómo luego se enteraron de que las plazas estaban dadas de antemano. Se hace referencia también, al igual que en la pieza citada, a la prensa sensacionalista, y se presenta igualmente la tremenda escena de la bofetada. Luego le pide perdón y le asegura que no volverá a suceder. Sigue una escena amorosa y la mujer le expone con claridad las diversas opciones. Andrés sigue obstinado esperando una llamada o una carta que, según Luisa, no llegarán jamás.

Se produce una tensión dialéctica sobre la decisión que han de tomar. Luisa parece que lo tiene decidido. Andrés mete las cuartillas y los temas de oposiciones en el hornillo de la cocina, pero más tarde los sacará. Hace y deshace la maleta. Nuevamente la posibilidad de trabajar en un banco que le ofrece el padre la considera como dejación de su dignidad personal. Los minutos pasan y aunque quisieran alargar el tiempo indefinidamente saben que no es posible. En la didascalia se señala que es "el momento clave de la comedia: Están apresados y el espectador con ellos" (p. 144). El autor considera que esta tensión debe aparecer bien marcada en sus caras. Luisa va a rehacer la comedia: "Al fin he logrado comprender qué es lo que te ocurre. Vivimos en dos mundos distintos. No me refiero a ti y a mí. Sino a ti y a mí junto con todos los demás" (p. 145). El discurso de la mujer suena con contundencia; se impregna de gran densidad semántica. Andrés sigue repitiendo temas de las oposiciones. Le confiesa que desearía irse con ella pero que quiere ser él mismo.

La mujer después de decirle que no piensa que quiera suicidarse, le apunta que solo quedan siete minutos, pero no puede obligarle a marchar: él debe tomar la decisión. El diálogo se hace más tenso. La mujer se marcha. En ese momento suena el teléfono. Andrés corre hacia la escalera e intenta decirle que han llamado. Entra de nuevo y el teléfono sigue sonando....

En el programa de mano de la lectura de la obra en 1963, el autor escribió: "A todos cuantos he leído la obra, me paraba al llegar a la última línea y les preguntaba: ¿Cómo crees que termina? Ni uno solo dio en la clave. He llegado a reunir así hasta ocho finales posibles." Este dato invita a no revelar aquí el desenlace de la pieza, sino a señalar que las dos versiones a las que se ha tenido acceso comparten un mismo tono: el personaje se encuentra al límite, y su gesto final expresa un inmovilismo que le impide enfrentarse al riesgo del fracaso.

El desenlace es absolutamente distinto del de *La contrata*. En cualquier caso, nos encontramos ante finales abiertos, que ha de completar la enciclopedia particular de cada lector o espectador.

En ambas obras el autor sabe extraer las mayores potencialidades expresivas de los diversos componentes dramáticos. En otros trabajos hemos resaltado el papel del lugar escénico como espacio en el que encuentran los demás elementos su valor sémico.

López Aranda recurre a un escenario muy reducido en el que logra concentrar todo el cúmulo de emociones y sensaciones que puede experimentarse en los universos más dilatados. Con la simple presentación del espacio es suficiente para conocer la situación económica y vital de sus protagonistas. El ahogo existencial que experimentan nuestros personajes, especialmente Andrés está en consonancia con ese universo angosto y limitado. A pesar de la magnífica comedia de Juan Ruiz de Alarcón, las paredes no oyen y en estas piezas de López Aranda sirven más bien de resonadores de las palabras de nuestros protagonistas que en un discurso cruzado consiguen que aumente progresivamente la tensión dramática.

El tiempo colabora estrechamente con el espacio en la representación escénica. Si es un axioma admitido por todos los estudiosos la afirmación de que el tiempo del teatro es el presente, el tiempo de la historia tanto en *La contrata* como en *Esperando la llamada* es realmente el presente, pero además ese presente es coetáneo de la época en la que los protagonistas están viviendo su conflicto. El acierto del dramaturgo radica no solo en reflejar una situación que podría considerarse propia de los años en los que los personajes expresan sus sentimientos y sus obsesiones, sino que lo presentado en esa historia conserva en nuestros días una tremenda actualidad. Ahora como entonces, los jóvenes no pueden aprovechar su tiempo, no pueden desarrollar todas sus potencialidades porque su tiempo es un puro contratiempo.

Así lo ponen de manifiesto con gran contundencia en sus discursos. Los jóvenes no dirigen sus palabras uno contra el otro, aunque en ocasiones se expresen reconvenciones y reproches. Su discurso va también dirigido a los responsables de una sociedad a los que se les manifiesta que como ciudadanos no son admirables. Sus palabras van también dirigidas a los espectadores para que se impliquen en una tarea en el grado de responsabilidad que les competa. En este sentido el teatro de López Aranda es un teatro social, un teatro crítico, un teatro cívico. Con contención y con mesura, pero también con gran eficacia expresiva sabe poner en escena los problemas más singulares, que, por su fuerza y su verdad, son a la vez los más universales.

Francisco Gutiérrez Carbajo

Notas del autor sobre las obras

En los textos y notas que acompañan ambas obras -recogidos en las páginas siguientes- el autor ofrece valiosas indicaciones para su puesta en escena. Señala, por ejemplo, que el director debe adaptar los textos a la época actual y a la realidad del país o región donde se representen, y no duda en autorizar otras modificaciones, siempre que estas respeten la **esencia emocional y simbólica**. Esta reside, más que en la literalidad textual, en la intimidad de los personajes, sus conflictos existenciales, sus dudas y aspiraciones.

No obstante, López Aranda advierte también de un límite claro: **estas obras no deben convertirse en comedias ligeras**, ni en propuestas que trivialicen la profundidad de la relación entre los personajes. La obra -afirma- perdería todo su sentido si se transforma en una caricatura o en una comedia de alcoba.

Respecto a la estructura, el autor contempla diversas posibilidades escénicas. Si bien *La contrata* está subdividida en tres actos, en el caso de *Esperando la llamada* admite que puede representarse en su integridad o dividirse en dos actos. Así lo indica en una nota dentro del propio manuscrito:

> *"Puede bajarse el telón aquí, si se desea marcar un entreacto. Sin embargo, lo mejor sería representar la obra sin interrupción."*

La misma indicación puede leerse tanto en el programa de mano de la lectura pública de 1963 como en una versión mecanografiada localizada por Arturo del Villar en el archivo del autor, que indica:

"En la acotación preliminar explica el autor que se puede representar sin interrupción, aunque también es posible establecer una división en dos actos."[58]

Además de las notas del propio autor, se han incorporado en las obras algunas notas a pie de página que recogen variantes de otras versiones manuscritas o mecanografiadas. Estas notas no alteran el texto principal, pero pueden enriquecer su lectura o inspirar distintas posibilidades en la puesta en escena. Incluyen acotaciones escénicas que aparecen en versiones distintas o indicaciones específicas del propio autor, como el punto exacto donde *Esperando la llamada* puede dividirse en dos actos.

Las siguientes páginas reúnen diversos textos del propio Ricardo López Aranda vinculados a la génesis, lectura pública y puesta en escena de *Esperando la llamada* y de *La contrata*. Algunos fueron redactados como declaraciones de intención, otros acompañaron la lectura pública de la obra, y algunos fueron encontrados entre los manuscritos originales del autor.

Nota del autor sobre *La contrata*

(Cuartillas manuscritas halladas junto al texto original)

Quisiera que esta obra no fuera tomada -por los directores y actores- tal cual es, sino **como ellos se sienten afectados por ella**.

Quiero decir que, para mí -por esta vez- y quizá porque sé por experiencia que este tema hay mil formas distintas de sentirlo y, por tanto, de vivirlo, esta obra será tanto mejor servida en cuanto el director no la sirva en absoluto, sino que **se sirva de ella para una creación personal**.

---

[58] Arturo del Villar, "La espera sin esperanza en el teatro de López Aranda", Conferencia pronunciada en el Ateneo Científico, Literario y Artístico de Madrid, el 16 de enero de 2007, Madrid, p.38.

Por ello, hay un diálogo que no está escrito. ¿Cuál? Aquel que sirve a la acción externa del personaje, y que será distinto cada vez.

Siempre que hay un hombre y una mujer en una habitación, además de hablar, hacen algo -preparar la comida, leer un periódico, etc.-, pero **no tienen que hacer siempre lo mismo, aunque digan las mismas cosas**. Y hay, además, un diálogo que hace referencia a esas acciones mismas. Por último, las hay que sitúan la acción en un lugar determinado, y que lógicamente deben ser distintas en cada caso.

Quiero decir que se puede añadir el nombre de alguna calle de la ciudad donde se represente la obra, la referencia a un suceso local próximo y muy conocido, etc. Y aún más: **hablar con el acento -catalán, gallego, andaluz, etc.-** e incluso añadir giros y expresiones típicas del lugar donde se represente.

En una palabra: **hacer todo lo posible para que el espectador viva un problema que conoce o del que ha oído hablar, y lo sienta latir vivo ante él**.

Si solo se consigue que el espectador vea y oiga una representación de un problema, no merece la pena molestarse.

Por esto acepto todas las mutilaciones y todos los añadidos -siempre que no sean fundamentales, esto es, que no afecten a la intención-. **Es más: me entristecería que fuese representada tal como la presento**, pues consideraría, en ese caso, haber fracasado en mi intención fundamental: hacer vivir personalmente el problema al director y a los actores primero, y al público como consecuencia de esto.

El decorado ha de ser precisamente realista. Pero no con el realismo tópico que hace que una silla y un cielo sean el mismo en Galicia que en Andalucía. Porque el interior de una habitación, las sillas, las mesas, la ropa e incluso la intensidad y el calor de la luz a través de una ventana **no son los mismos en Asturias que en Levante**.

Nota para la dirección escénica de *Esperando la llamada*

(Incluida originalmente en la primera edición del texto)

Esta obra está llena de expresiones como: "Te quiero", etc. Se trata en ella de los problemas de unos jóvenes recién casados, y muchas de las escenas suceden en la cama, o los actores pasean en ropa íntima.

Quiero advertir seriamente que **en ningún caso y por ningún pretexto** se debe convertir esta obra en una *"comedia de alcoba"*. El espectador **no debe percibir la presencia física de los personajes**, quiero decir, la "realidad de su intimidad física".

Aunque hagan los gestos y digan las palabras, el espectador debe "ver" solo la otra vertiente. Me opongo terminantemente a que la obra sea montada en función de sus elementos externos y, bajo pretexto de estudio psicológico, **se le quiera dar al público una sesión de erotismo matrimonial**.

Insisto: de ninguna manera deberá haber en ningún momento nada de pegajoso, sensual o irritante en sus movimientos, inflexiones de voz o caricias. Debe desprenderse, en cambio, **un suave fluido juvenil, alegre, puro**, envuelto en una deliciosa ternura.

Si el director, queriendo obtener un éxito fácil, aprovecha los elementos de alcoba -pareja joven cargando los tintes exhibicionistas y sensuales-, **habrá destruido la obra**.

Programa de mano de 1963

(Lectura pública de Esperando la llamada, Santander)

Desde luego, esta vez tengo más miedo. Y es que acabo de releer las críticas que hace dos años tuve la fortuna de obtener por mi primera obra. Hay en todas ellas tal calor, tal confianza en un muchacho al que no conocían, que he de confesarles que han sido ellas, y el fervor del público después, lo que durante el largo tiempo transcurrido me ha mantenido en una tensión de trabajo agotadora, en un ansia continua de superación.

Atreverme a este segundo paso me ha costado mucho y me sigue costando aún. Pero ya no me era posible seguir dándome largas a mí mismo, ni fingirme más disculpas que no eran sino modos de disfrazar **este miedo pesado y sofocante en que me siento envuelto**.

Si esta noche obtuviera vuestro beneplácito, quizá pronto veamos todos juntos otras ocho obras que tengo aquí "esperando la llamada".

La de hoy [...] es una obra con solo dos personajes. Aun cuando hay un teléfono, **no se habla jamás por él**, y aún no sé si llegará a sonar siquiera esta noche ante ustedes. Un hombre y una mujer encerrados en una habitación, amándose y torturándose precisamente porque se aman, al enfrentarse con un problema que no sé si habré sabido exponer, pero que está ahí, **palpitante bajo cientos de tejados**, y que quizá es el problema de alguno de sus hijos o bien suyo propio.

Si bien retocada ahora, la escribí a los diecinueve años. Si ustedes llegaran a encontrar en ella algo humano, algo vivo, algo verdadero, yo daré todo por bien empleado. Si no les gusta, les pido disculpas por el tiempo que les he hecho perder y, más aún, por defraudar las esperanzas que tan benévolamente habían puesto en mi trabajo. Y les doy las gracias de todos modos, ya que **el hecho de acudir esta noche a vivir esta pequeña historia emocionada es un gesto que me honra en demasía**.

La obra -unidad de tiempo, lugar y acción- tiene una duración real. Sé que es larga -tres horas seguidas sin ninguna interrupción-, y están ya hechos los cortes que la reducirán desde mañana a la duración habitual de dos horas, con posible descanso. Pero esta noche he querido que se dé entera. He querido **crear un clima obsesionante** en el que algunas reiteraciones están voluntariamente encaminadas a generar una tensión emocional, para desembocar en un final que creo les sorprenderá.

A todos cuantos he leído la obra, me paraba al llegar a la última línea y les preguntaba: "¿Cómo crees que termina?" Ni uno solo dio en la clave. He llegado a reunir así hasta ocho finales posibles. Yo creo, sin embargo, que el único válido es este que les ofrezco. ¿Ustedes reaccionarían de otro modo? Yo, personalmente, no [...].

Ricardo López Aranda

Indicaciones finales

Ricardo López Aranda escribió *Esperando la llamada* en 1959 y dio por concluida su última versión -la que se publica en este libro- en 1963. La obra fue objeto de una lectura pública en Santander ese mismo año, y fue publicada por el Departamento Nacional de Actividades Culturales del S.E.U., dentro de la colección Autores noveles.(n.º 3, sin fecha explícita)[59]

La contrata, por su parte, fue finalista en 1960 del Premio Nacional de Teatro Calderón de la Barca, del Premio de Teatro de Valladolid y del IV Concurso de Autores Jóvenes de Barcelona, bajo el título *la torre de los sueños*. Se presentó en lectura dramatizada el 14 de diciembre de 1960 en la Universidad de Barcelona, a cargo del Teatro Español Universitario de Peritos Industriales. Estuvo a punto de estrenarse por el Teatro de Cámara "Dido, Pequeño Teatro", dirigido por Josefina Sánchez Pedreño.

Las dos obras comparten una misma línea estética y temática, centrada en el conflicto íntimo de una joven pareja enfrentada a la sociedad, en busca de su lugar en el mundo y de un futuro

[59] La obra editada en este libro es posterior e incluye algunas variantes en los diálogos y modificaciones menores.

mejor. Son textos que abordan cuestiones universales como el miedo, la frustración, la espera y la lucha por no resignarse.

"Ambos dramas respetan la ley de las tres unidades: transcurren en una única habitación, con dos personajes, y la acción narra cómo la esperanza se desvanece en una vana espera."[60]

[60] Arturo del Villar, "La espera sin esperanza en el teatro de López Aranda", Conferencia pronunciada en el Ateneo Científico, Literario y Artístico de Madrid, el 16 de enero de 2007, Madrid, p.38.

ESPERANDO LA LLAMADA

Obra original de

Ricardo López Aranda

Santander 1963

PERSONAJES:

ANDRÉS

LUISA

DECORADO

Representa una habitación para vivir: Se trata de un ático o buhardilla pobremente amueblado. Primer término izquierda, una ventana con visillos. Debajo de ella, un poco a la derecha, la mesilla de noche, que está junto a la cama matrimonial, de hierro con bolas doradas.

- Al fondo, haciendo esquina, una pequeña cocina con su vasar colgado de la pared, contador del gas, calendario, mesita cubierta por un hule blanco, fregadero, hornillo del gas, caños, etc.
- En el centro de esta pared del fondo está la puerta del retrete, que tiene un montante por el que pasa la luz a través del cristal esmerilado. Esta puerta está situada oblicuamente, ya que la pared del fondo y el muro exterior del retrete forman allí un pequeño chaflán.
- Todo este sector del escenario está ligeramente agoterado. Y la ventana tiene la típica forma de ventana de buhardilla. En el centro del techo puede haber una vidriera tragaluz.
- A la derecha, primer término un perchero de brazos. Inmediatamente, la puerta de entrada; luego, una estantería con libros, un gato de peluche, varias fotografías enmarcadas, un despertador de campana, una pequeña radio apenas visible, etc.
- A continuación, un armario de un solo cuerpo y sin espejo, sobre el que hay una maleta. En el centro hay una mesa de estudio -que sirve también para comer- cubierta de papeles, un cenicero, un flexo, etc.

PSICOLOGÍA DE LOS PERSONAJES

ANDRÉS: Veinticuatro años, es un hombre que gusta a las mujeres más que por su atractivo físico de galán con ribetes de intelectual, por una especie de soterrada ternura que él expresa tan desmañadamente, por su voz rotunda, viril; mas sobre todo, por ese niño que aún late en su interior y que a cada poco le traiciona en los pequeños gestos, en esa mirada suplicante, en esa mueca de la que se avergüenza, pero que en el fondo le hace feliz. Debe dar la impresión de un niño grande o mejor aún de un hombre que ha sabido conservar lo mejor del niño que fue y de cuyo mundo no sabe o no quiere desprenderse.

LUISA: Veintidós años, es una muchacha con aire juvenil, con un poco de gorrión o saltamontes en esos gestos nerviosos, en esa especie de picoteo cuando bebe, cuando acaricia e incluso cuando no hace nada. Está apasionadamente enamorada de su marido al que protege pues se sabe más fuerte que él. Obedece en las pequeñas cosas, pero las grandes decisiones, sabe que debe tomarlas ella por los dos. Viste con sencillez. Nada debe sonar en ella artificial o estudiado. Tiene esa sonrisa húmeda de la mujer que ha nacido para madre. Es comprensiva y dulce, pero sólida. Absolutamente femenina. Su rostro no ha conocido jamás el maquillaje. Es la mujer que pasa desapercibida en una reunión, pero cuya adorable intimidad debe encantar no solo a los espectadores sino, más aún, a las espectadoras. Es un poco la mujer que todas ellas quisieran ser, bajadas del trono de los tacones, desprovistas del vestido de soirée, sentadas sobre la alfombra, amando y siendo amadas profunda y sencillamente, a la espera del hijo al que ama, junto al marido que ama. Y es por ellos, por lo que se irá, para salvarlos de sí mismos.

Al levantarse el telón están en escena ambos personajes. LUISA que está ya en un estado muy avanzado de embarazo, lleva un delantal sobre el vestido y calza zapatillas. Está en el sector de la cocina terminando de hacer la cena, de espaldas al público. De vez en vez, mira hacia un manojo de folios que tiene a su izquierda sobre el fogón, en los que sigue el discurso de ANDRÉS.

ANDRÉS, en camisa con las mangas recogidas, también en zapatillas, está en el centro del escenario. Pasea, se sienta a horcajadas sobre una silla frente al público, se levanta, pasea, vuelve a sentarse, durante su recitado. Lleva en las manos un programa que a veces consulta con una rápida ojeada.

ANDRÉS.- *(Recitando.)* En la sucesión intestada son "póstumos" los nacidos después del fallecimiento de una persona. En la testamentaria que es a la que aquí nos referimos, se distinguen los "Póstumos sui" y los que están postumarum loco: postumi sui son los que nacen después de la confección del testamento y de suerte que naciendo adquieran de sui del testador, o cuando menos habrían de adquirirla, de no premorir éste...

(LUISA casca un huevo y lo echa en la sartén.)

LUISA.- ¡Ay!...

ANDRÉS.- ¿Qué ocurre?

LUISA.- Nada, nada: me he quemado.

ANDRÉS.- ¿Te has hecho daño?

LUISA.- No, sigue.

ANDRÉS.- ¿A ver?

LUISA.- Que no ha sido nada.

(ANDRÉS se acerca a la cocina.)

ANDRÉS.- ¡Hum, qué olorcillo!

(Coge unas patatas fritas.)

LUISA.- Sin picar. Hasta que no termines el tema no hay nada que hacer.

(ANDRÉS quiere coger unas patatas. LUISA defiende el plato. Al fin ANDRÉS coge otro puñado, riendo.)

LUISA.- Mira que eres niño. Siéntate y continúa.

(ANDRÉS ríe. Le saca la lengua. LUISA le contesta del mismo modo. ANDRÉS se sienta nuevamente.)

ANDRÉS.- ¿Dónde quedamos? *(Consultando los apuntes.)*

LUISA.- ... O cuando menos habrían de adquirirla.

ANDRÉS.- Ah, sí... *(Recordando.)* habrían de adquirirla de, *(Recoge el hilo y sigue recitando.)* adquirirla de no premorir éste; están posthumarum loco los que se hacen sui después de la confección del testamento, pero por causa distinta del nacimiento –adopción, arrogación, conventio in manum, etc–.

LUISA.- Falta algo.

ANDRÉS.- ¿Cómo que falta algo?

LUISA.- Lo del etcétera viene después; te has comido algo importante.

ANDRÉS.- *(Ríe.)* Dos patatas fritas, ¿tan importante es?

LUISA.- Venga, venga, sin bromas.

ANDRÉS.- *(Recitando.)* ... adopción, arrogación conventio in manum y... y no sé.

LUISA.- *(Apuntando.)* Y muerte.

ANDRÉS.- Ah, sí. *(Se da una palmada en la frente.)* y muerte del ascendiente inmediato, etc. Pero mira que soy tonto. ¿Eh?

LUISA.- Cierra los ojos.

ANDRÉS.- ¿Eh?

LUISA.- Que cierres los ojos.

(ANDRÉS cierra los ojos. LUISA se acerca con una fuente donde están las patatas y dos huevos fritos con adornos de pimientos; le pasa el plato bajo la nariz.)

ANDRÉS.- ¡Hum!

(Abre los ojos, extiende la mano y roba un puñado de patatas del plato que LUISA lleva hacia la mesa.)

LUISA.- *(Le aparta la mano de un manotazo cariñoso.)* Hum, hum y ¡hum! y ¡ham! Y luego no comes nada. Vete poniendo la mesa, pero que yo te oiga.

(ANDRÉS se levanta y va hacia la mesa donde LUISA ha dejado la fuente. Empieza a recoger el tapete. Mira hacia LUISA que ha vuelto a la cocina y coge otra patata. LUISA que le ha visto, vuelve, coge el plato y se lo lleva.)

LUISA.- Es que eres un niño, ¿eh?

ANDRÉS.- Pero, eh, ¿qué más dará?

(LUISA deja el plato sobre el fogón.)

LUISA.- Venga, sigue: No remolonees, que te conozco.

ANDRÉS.- *(Ríe.)* He aquí...

(Continúa recitando mientras quita el tapete, coloca el mantel y luego va poniendo los platos. Se entrecruza con LUISA que saca pan de una bolsa. ANDRÉS saca los tenedores y el cuchillo del cajón, corta el pan, LUISA trae la fuente y reparte la comida. Se sientan y empiezan a cenar. Durante todo esto, LUISA ha seguido el recitado de ANDRÉS en los apuntes que trae y lleva, y que consulta de vez en vez con una rápida mirada. Durante esta acción ANDRÉS ha estado recitando el texto que sigue.)

ANDRÉS.- He aquí las varias categorías de postumi a los que la ley y la jurisprudencia reconocen la testamentación pasiva, poniendo así remedio a una falta de contemplación por parte del testador que acarrea la nulidad del testamento -textamenturar agratione postumi ruptum- 1.) postumi legitimi: Los que son de uno mismo y los que del que estiró la pata y han nacido...

LUISA.- *(Cortando.)* Eh, eh; que aquí no pone nada de estirar la pata.

ANDRÉS.- Mujer, qué más da. *(Ríe.)* No se trata de contarlo todo al pie de la letra como un papagayo.

LUISA.- Pues yo creo que es lo mejor.

ANDRÉS.- Lo importante es comprender. Luego las palabras...

LUISA.- Lo importante es decirlo exactamente con las mismas palabras así no habrá error posible.

ANDRÉS.- Pero, ¿qué más dará?

LUISA.- A ti y a mí, sí. Pero son ellos los que cuentan. Así que venga, repite.

ANDRÉS.- ... Hijos propios e impropios *(Recalcando mucho el juego de palabras.)* del hijo premuerto, nacidos después de la muerte del testador, pero concebidos en el momento de otorgarse el testamento. Ulpiano 22.19.

(Este es el momento en que servidos ambos platos LUISA se sienta.)

LUISA.- Ay, tengo las piernas que no las siento.

ANDRÉS.- *(Sentándose.)* ¿Mucho trabajo en el almacén?

LUISA.- No es el trabajo. Es tener que estar todo el tiempo de pie. Y luego la encargada. ¡Madre mía!... Solo por no verla la cara se puede dar dinero. ¡Hala termina el tema!

ANDRÉS.- Estoy comiendo, ¿no? No me dejas ni... ni respirar. Además que es de mala educación leer *(De un papirotazo tira los apuntes que LUISA había puesto ante si apoyados en la jarra de agua.)* en la mesa.

LUISA.- *(Atragantándose.)* Como eres...

ANDRÉS.- ¿Qué te pasa?

LUISA.- Me he atragantado.

(ANDRÉS se levanta, coge los apuntes y los coloca en la mesilla de noche.)

ANDRÉS.- *(Ríe.)* Esta tarde le estaba dando la clase a Luisito y de pronto se abren las puertas correderas y aparece la ballena de su madre y me dice. *(Imitando.)* Por favor, don Andrés, ¿quiere pasar al salón? *(Se sienta.)* Yo voy y me encuentro a todo el servicio y al marido en pie frente a una especie de cortina y ella muy seria le dice: "Cuando quieras, querido". Y va él y tira muy serio la cortina y aparece... *(Ríe.)* ¿Qué dirás que aparece?

LUISA.- ¡Qué sé yo! ¿Una lápida?

ANDRÉS.- ¡Un televisor! *(Ríen los dos.)* *(Riendo aún.)* Todo adornado con lazos. Y entonces ella pulsa el botón y en medio de la expectación general: ¡surge en la pantalla el hombre del tiempo! *(Ríen los dos.)*

LUISA.- Y la niñita esa... ¿cómo se llama?

ANDRÉS.- Laura.

LUISA.- ¿Se te ha declarado ya?

ANDRÉS.- Porque necesitamos el dinero, pero francamente es una situación que se está haciendo insoportable.

LUISA.- No seas exagerado: todas las muchachas se enamoran a los quince años de su profesor.

ANDRÉS.- ¡Qué tontería!... ¿Es que a ti también te ocurrió?

LUISA.- ¡Oh! Eran unos años ridículos, pero maravillosos. Recuerdo que a veces lloraba sin saber por qué. Me entusiasmaba leer novelas y quedarme tumbada horas y horas soñando.

ANDRÉS.- Y, ¿qué soñabas?

LUISA.- ¡Qué sé yo!... En mil cosas: viajes, vestidos, poesías... ¿Y tú?

ANDRÉS.- Yo, ¿qué?

LUISA.- ¿Qué hacías tú a los quince años?

ANDRÉS.- Tonterías supongo...

(Suelta el tenedor, se levanta y va hacia la mesilla, coge un pitillo.)

LUISA.- ¿No vas a terminarlo?

ANDRÉS.- Pero creo que entonces era feliz.

(Enciende el cigarrillo y se acerca a la ventana. LUISA ha dejado de comer. Le mira.)

LUISA.- ¿Es que ahora no lo eres?

ANDRÉS.- ¡Por favor!...

(LUISA se levanta y cruza la escena hacia él.)

ANDRÉS.- Sabes perfectamente a qué me refiero.

LUISA.- *(Apoya la cabeza en su espalda y le enlaza con ambos brazos por la cintura.)* Tranquilízate.

ANDRÉS.- Es inútil que intentemos olvidar con palabras y recuerdos ridículos toda...

LUISA.- Andrés...

ANDRÉS.- ... Toda esta angustia que nos ahoga.

(LUISA le besa suavemente.)

LUISA.- ¿Qué te pasa?

ANDRÉS.- Nada.

LUISA.- Te tiemblan las manos.

ANDRÉS.- Es el frío.

LUISA.- Pero si hace un bochorno tremendo. *(Le vuelve hacia ella.)* Estás asustado.

ANDRÉS.- ¿Yo?

LUISA.- ¿Y por qué no? *(Le abraza.)* Siempre ese tonto orgullo...

ANDRÉS.- ¿Irás a verme?

LUISA.- Si tú quieres...

ANDRÉS.- No, no; lo que tú digas. *(LUISA niega con la cabeza.)* ¿Por qué?

LUISA.- Tengo miedo.

ANDRÉS.- Soy quién más probabilidades tiene.

LUISA.- Lo sé.

ANDRÉS.- ¿Entonces?

LUISA.- Sufrí tanto la vez pasada.

ANDRÉS.- ¿Y las otras?

LUISA.- También. Pero era distinto. No estábamos casados aún.

ANDRÉS.- ¿Crees que hemos hecho una locura? Casarnos antes de... tener una situación...

LUISA.- *(Niega.)* Tengo fe en ti.

ANDRÉS.- Entonces decías lo mismo.

LUISA.- Estamos juntos, nos queremos. ¿No es maravilloso?

ANDRÉS.- ¿Recuerdas cuando la última vez? Estábamos tan seguros... No sé cómo pudo ocurrirme.

LUISA.- Las cosas ocurren y uno no acaba de encontrarles un porque razonable.

ANDRÉS.- Ahora eres tú la fatalista.

LUISA.- Perdóname, aquello pasó. Ahora todo se abre de nuevo ante nosotros. Será... *(Apretándose más a él.)* Entonces decíamos lo mismo, ¿recuerdas?

ANDRÉS.- Pero ahora será distinto. Estoy bien preparado. Tú lo sabes.

LUISA.- Sí, sí, sí, sí...

ANDRÉS.- Mírame.

LUISA.- Me sé de memoria todos esos horribles temas *(Ríe débilmente.)* a fuerza de oírtelos repetir.

ANDRÉS.- *(Sencillamente.)* Te quiero.

LUISA.- *(Lo mismo.)* Te quiero. *(Le besa brevemente.)* Hala, vamos a terminar esto *(Le lleva hacia la mesa cogido de la mano.)* antes de que se quede frío.

(LUISA se sienta. ANDRÉS recoge del suelo el papel del tema y lo arroja sobre la cama.)

ANDRÉS.- Lo que más me subleva es la inutilidad de todo esto. *(Sentándose.)* No me servirá de nada aún en el caso de obtener la plaza.

LUISA.- *(Come.)* Está un poco frío ya.

ANDRÉS.- Parece como si los hubieran puesto tan solo por un prurito de aumentar las dificultades. *(Come.)* No, está bien.

LUISA.- ¿De verdad?

ANDRÉS.- De verdad, lo prefiero así.

LUISA.- Y todo, ¿por qué? No me lo explico, francamente.

ANDRÉS.- Hay mucha gente esperando, y pocos puestos disponibles. Los viejos se aferran con uñas y dientes.

LUISA.- ¿Por qué no crean más puestos?

ANDRÉS.- Leyendo los periódicos se creería que nos van a embarcar a todos en una nave de oro. Pero nadie se lo cree ya. Han sido demasiados años de promesas.

LUISA.- Se progresa.

(LUISA se levanta y va a la cocina con los platos.)

ANDRÉS.- Mira tú qué gracia. ¿Qué quieres? ¿Que volvamos a la edad de la piedra? Se progresa, pero ¿quiénes progresan? Yo estoy en el mismo punto que mi padre. Mejor preparado, ¿pero de qué me sirve?

(LUISA vuelve con los platos de natillas.)

ANDRÉS.- ¡Hum!... Se me hace la boca agua.

LUISA.- ¿Verdad que nadie diría que es de sobre?

ANDRÉS.- Eres maravillosa.

(Se sienta LUISA. Comen.)

LUISA.- Entonces, ¿va a quedar estéril tanto esfuerzo nuestro? ¿de todos?

ANDRÉS.- Eso me pregunto yo. Y muchas cosas más. De un tiempo a esta parte no hago más que preguntarme y preguntarme.

LUISA.- Y, ¿qué?

ANDRÉS.- Nada, la mayor parte de las preguntas se quedan sin respuesta.

LUISA.- ¿Es que no las tienen?

ANDRÉS.- *(Ríe.)* Es que a ver quién es el guapo que las dice en voz alta.

(Han terminado de cenar.)

LUISA.- ¿Te ha gustado?

ANDRÉS.- Mucho.

LUISA.- ¿Te has quedado con hambre?

ANDRÉS.- Que va... *(Se levanta. Coge el programa.)* Voy a seguir con esto. *(Recita.)* A tenor de la ley Julia de maritandi ordinibus, del 17 antes de Cristo y de la ley Papia Poppaea del 9 antes de Cristo son incapaces los... primero...

(LUISA le desabrocha la camisa y le ayuda a quitársela. La echa en el cesto de la ropa sucia.)

LUISA.- Pones el cuello perdido.

(Enchufa la plancha y mientras ésta se enciende abre la cama y limpia los zapatos. Entretanto...)

ANDRÉS.- ... Los varones de 25 a 60 años y las mujeres de 20 a 50 que permanezcan célibes -por lo que se entienden los no casados, comprendiendo los viudos y los divorciados- no pueden en absoluto hereditates legatique capere. Los célibes tienen todavía la posibilidad de adquirir si contraen matrimonio dentro de los cien días desde que ocurrió la muerte del testador, o dentro del plazo de la aceptación formal intra diem cretioris. La lex Julia.

LUISA.- ¿Qué te dijeron del guion?

ANDRÉS.- Que me llamarían. *(Recitando.)* La lex Julia concede dispensa a la mujer que por muerte del marido, durante un año por...

LUISA.- Qué te llamarían, ¿cuándo?

ANDRÉS.- Eso nunca se sabe.

LUISA.- Ya.

ANDRÉS.- *(Recitando.)* Pero según la lex Papia los plazos son: de dos años por muerte del marido, y de dieciocho meses por divorcio.

LUISA.- Pero ¿aproximadamente?

ANDRÉS.- ¡Qué sé yo! Puede ser esta misma noche. O mañana. O, ¡no sé!... *(Recita.)* ...por divorcio durante seis meses. Los orbi: Los varones.

LUISA.- *(Con voz apenas perceptible.)* O nunca.

ANDRÉS.- ... de 25 a 60 años, casados y sin hijos...

(LUISA aparta algunas cosas de la mesa y pone sobre ella la manta de la plancha. Saca una camisa y comienza a plancharla.)

ANDRÉS.- ... y las mujeres de 20 a 50 años, casadas y con un número de hijos inferior a tres, si se trata de "ingenuas" *(Ríe.)* o de cuatro...

LUISA.- ¿Ocurre algo?

ANDRÉS.- No, nada. "Si libertas, solo pueden adquirir la mitad de las herencias y legados. El Pater solitarius: del pater solitarius se había hablado únicamente en la rúbrica del título 13 de las Reglas de Ulpiano. Los conyugues: la mujer y el marido que...

LUISA.- ¿Por qué no vino al fin tu madre?

ANDRÉS.- ¡Qué sé yo!... *(Recitando.)* ... que no tienen hijos del matrimonio solo pueden adquirir entre sí una décima...

LUISA.- No sé la idea que se habrá hecho del palacio en que vivimos, porque decía que la reserváramos una habitación...

ANDRÉS.- ... solo pueden adquirir...

LUISA.- Como si recibiéramos tanta gente.

ANDRÉS.- ... entre sí; una décima...

LUISA.- ... que temiera llegar y encontrársela llena de invitados...

ANDRÉS.- ... una décima...

LUISA.- Hay que escribirle preguntando qué ha ocurrido.

ANDRÉS.- Ya lo haré yo.

LUISA.- Envíales saludos de mi parte, y no te olvides de preguntar por el reuma de tu padre.

ANDRÉS.- *(Recitando.)* "Pero si tienen hijos supérstites de otro matrimonio, tal porción se acrece con tantas décimas como sean los hijos..." Será mejor que les escribas tú. Diles que vamos a estar aún unos días fuera.

LUISA.- ¿Aún?

ANDRÉS.- Se agregan también una o dos décimas.

LUISA.- ¿Qué has querido decir?

ANDRÉS.- *(Grita.)* ¡Basta ya!... Me estás confundiendo. Así no hay forma de... ¡de nada! Se agregan también una o dos décimas... *(Se vuelve. Grita.)* Les miento, ¿comprendes? Les escribo cartas y les miento. ¿Sabes lo que venía a ver? La nueva casa.

(Señalando la habitación.) Porque tenemos una nueva casa, ¿no lo sabías?

(LUISA ha terminado de planchar la camisa y la cuelga del respaldo de la silla.)

LUISA.- *(Glacial.)* Quítate los pantalones. Ahí tienes el pijama.

(ANDRÉS se sienta al otro lado de la cama. Se quita el pantalón que da a LUISA. Luego se pone el pantalón y la chaqueta del pijama. LUISA saca las cosas de los bolsillos y plancha los lomos del pantalón salpicándolos con un poco de agua, interponiendo un trapo entre la plancha y la tela.)

ANDRÉS.- Además de la décima, puede adquirir un conyugue el usufructo de la tercera parte de los bienes del otro, e incluso la propiedad, si han tenido hijos.

(Se miran de extremo a extremo de la habitación.)

ANDRÉS.- La mujer puede adquirir también la dote...

(Se miran nuevamente.)

ANDRÉS.- ... legada por...

(LUISA continúa planchando.)

ANDRÉS.- ¿Por qué me miras así?

LUISA.- ¿Cómo?

ANDRÉS.- Sabes muy bien a qué me refiero.

(Arroja al suelo el papel y se tumba sobre la cama. Un silencio. LUISA continúa planchando.)

ANDRÉS.- Te he mentido. No me aceptaron el guion. Ese teléfono no va a sonar esta noche ni mañana. Estamos como al principio.

LUISA.- Algún día sonará, no te preocupes.

ANDRÉS.- Lo dices en un tono... ¿Qué puedo hacer? ¿Qué puedo hacer?

LUISA.- Divides tu tiempo, eso es lo malo. Para triunfar hay que agarrar una sola cosa, aferrarse a ella. Elige: la oposición o los guiones.

ANDRÉS.- Pero si puedo compaginar las dos cosas...

LUISA.- No, elige una. Vamos ¡Decídete!

ANDRÉS.- ¿Y si fracasara?

LUISA.- Te hundes y se acabó. Pero es precisamente ese miedo, ese saber que todas las salidas ya están cortadas lo que te hará empujar más fuertemente. El secreto de muchos triunfadores está en su desesperación, en su miedo. Andrés prométeme que no llegarás a esto. Aguantaremos hasta donde podamos; pero si no llega, retírate cuando aún estemos a tiempo. Hay... ¡hay miles de caminos para un hombre!

ANDRÉS.- Despachos y despachos... Tengo ya caras que son conocidas de las salas de espera. Nos sonreímos, nos ofrecemos tabaco. Nadie habla de sus problemas, ¿para qué? son los mismos.

LUISA.- Vamos duérmete.

ANDRÉS.- ¿Por qué no abres la ventana? Se ahoga uno.

LUISA.- ¡Es que se llena todo de mosquitos! Prefiero sudar antes de que me devoren esos monstruos.

ANDRÉS.- Antes iba con seguridad. Alargaba la mano, y apretaba fuerte, y sonreía, incluso alguna palmadita. No sé... debía creer que eso infundía... El aplomo es importante. Te tratan según te ven. Ahora ya no.

LUISA.- Vamos, duérmete.

ANDRÉS.- A veces, antes de llamar al timbre espero, miro por la escalera. El ascensor baja y vuelve a subir y yo... estoy aún allí, ajustándome una vez más la corbata, y noto que me sudan las manos. Ya no me pregunto: ¿Lo conseguiré? Sino: ¿Me recibirá?

LUISA.- No pienses en eso.

ANDRÉS.- Y es terrible cuando te dicen: "No está, ha salido, o está de viaje"; cuando sabes que está en casa porque has llamado desde la cafetería de enfrente, mirando a través de las cortinas por si ves pasar su silueta allí arriba tras los cristales, y oyes su voz: ¿Diga?... Y entonces preguntas por cualquiera y te contesta: "Se ha confundido". O bien es la secretaria y te inventas no sé qué cargo oficial y te dice: "Un momento ahora mismo se pone."

LUISA.- Calla.

ANDRÉS.- Y casi oyes sus pasos y su respiración que se acerca y cuelgas. Y sales corriendo y subes y llamas y esperas y abren y preguntas y te dicen "¿de parte de quién?", "que va a mirar si está", y vuelven y te dicen que "ha salido", que "está de viaje".

LUISA.- ¿Por qué te torturas así?

ANDRÉS.- ¿Comprendes? Me conocen todas las secretarias, los porteros, las chicas de servicio que atienden las puertas tan sonrientes al principio, y ásperos y maliciosos ahora cuando ven que inquietas, que molestas, que... que es el mismo traje y la misma corbata y la misma camisa replanchada, casi amarillenta, ocultando los flecos y las puntas de los zapatos que se retuercen, que se cuartean a los lados y los tacones recomidos de tanto ir y venir.

LUISA.- Basta ya... por favor... Oh, perdona.

(Enciende un cigarrillo. Está muy nerviosa. Se acerca a la ventana y mira fuera. Respira profundamente.)

LUISA.- Mira. *(ANDRÉS no se vuelve.)* Ha caído una estrella. *(Una pausa.)* Ya no se la ve.

ANDRÉS.- Ahora eres tú quien mira caer las estrellas.

LUISA.- ¿No te gusta?

ANDRÉS.- *(Se vuelve.)* En ti todo me parece bien.

LUISA.- *(Se arrodilla en la cama junto a él.)* ¿A ver?

ANDRÉS.- ¿Qué?

LUISA.- Dilo otra vez.

ANDRÉS.- ¿El qué?

LUISA.- En ti todo...

ANDRÉS.- En ti todo me parece bien.

LUISA.- No, no el gesto.

ANDRÉS.- ¿Qué gesto?

LUISA.- El que hiciste antes.

ANDRÉS.- En ti todo me...

LUISA.- ... Parece bien *(Ríe.)* Es el mismo gesto con que me decías. ¿Quieres que te pase a máquina los apuntes? Oh, qué tiempos aquellos. La universidad y todo lo demás, ¿recuerdas? Era todo tan maravilloso.

ANDRÉS.- Pero tan lejano... Me parece como si hubieran pasado siglos.

LUISA.- Pero si apenas hace dos años...

ANDRÉS.- Ibas siempre tan guapa. Todos se volvían a mirarte. *(Lanza un silbido de admiración.)* A más de uno *(Ríe.)* tuve que espabilarle por eso.

LUISA.- Ah, ¿sí? Y yo que creía que ni siquiera me veías. *(Se levanta y pasea.)* Siempre corriendo detrás del balón o con la cabeza metida entre los libros.

ANDRÉS.- Pues no te quitaba ojo.

LUISA.- Y luego aquel desparpajo con todas...

ANDRÉS.- Ven...

(LUISA está recogiendo los cacharros de la mesa y los lleva a la piedra. Luego pone el tapete y sobre él los libros, los papeles y el flexo, mientras...)

LUISA.- Siempre bromeando y riendo, pero...

ANDRÉS.- Ven...

LUISA.- ... en cuanto me acercaba yo, cara de funeral de tercera y conversación de metafísica.

ANDRÉS.- *(Extendiendo los brazos hacia ella.)* Pero ven, mujer.

LUISA.- Y con una cara larga hasta aquí, como si te hubieras tragado un sable.

ANDRÉS.- Quería impresionarte.

LUISA.- Pues solo conseguías aburrirme.

(LUISA se ha sentado en la mesa y enciende el flexo.)

ANDRÉS.- Tenía miedo de parecerte demasiado superficial. *(Se levanta.)* Que pensaras que no tenía cabeza. *(Se acerca a ella y va a besarla.)* Que era un atolondrado como los otros.

LUISA.- ¿Y no lo eras? *(Le aparta.)* Primero lávate los dientes.

(ANDRÉS ríe, le besa el pelo y entra en el retrete.)

ANDRÉS.- Al menos no tomaba parte en todas aquellas juergas.

(Entra, se oye correr el agua.)

LUISA.- Como que las otras no me contaban para hacerme rabiar, tu forma de cantar y bailar en aquellas famosas excursiones de las que era excluida casi siempre porque estando yo, ya se sabía: El gran Andrés se ponía serio y no había fiesta.

ANDRÉS.- *(Asomando con el cepillo ya en la boca.)* ¿Tan importante era? *(Se retira.)*

LUISA.- Le gustabas a todas.

ANDRÉS.- *(Dentro.)* Ah, ¿sí?

LUISA.- Como si no lo supieras tú.

ANDRÉS.- *(Dentro.)* Pues no, no lo sabía.

(LUISA mira hacia el techo, se quita una zapatilla, coloca la silla bajo un punto y da con ella, intentando matar un cínife.)

LUISA.- Por más cuidado que tengo siempre se cuela alguno.

ANDRÉS.- *(Dentro.)* ¿Eh?

LUISA.- Hablo con los mosquitos.

ANDRÉS.- ¿Y qué era lo que esas decían de mí? ¿eh?

LUISA.- Lo que tú quieres es que te regale el oído.

(Se oye a ANDRÉS dentro que hace gárgaras.)

LUISA.- "Que si Andrés me dijo ayer..." "que si le he visto con esta o con aquella..." Y yo rabiando.

ANDRÉS.- *(Dentro. Ríe.)* Y sacándome de mis casillas.

LUISA.- Conmigo la mejor de las fiestas la convertías en cátedra de economía política o de historia.

(Baja de la silla y la coloca en su sitio.)

ANDRÉS.- *(Dentro.)* Porque tú eras distinta.

LUISA.- Y vengan exposiciones y conferencias en el Ateneo y conciertos. Y yo rabiando porque me llevarás a un baile, o a un cine de barrio para...

ANDRÉS.- *(Saliendo. Apaga la luz del retrete.)* ¿Para qué?

LUISA.- Hazte el tonto, de sobras sabes lo que hacías con las otras chicas en los cines de barrio.

ANDRÉS.- *(Ríe.)* No irás a decirme que me espiabas.

LUISA.- No era necesario. Les faltaba tiempo para contármelo. "¿No sabes con quien he estado esta tarde? ¿Adivina mujer...? ¿No caes? Con Andrés." Y yo haciéndome la tonta. ¿Andrés? ¿Qué Andrés? ... y ellas remachando: ...si mujer, le conoces. Te he visto con él varias veces. ¿A mí? Pues no caigo. "Ay, mujer, nunca pensé que fueras tan... tan..."

ANDRÉS.- Tan ¿qué? *(Ríe.)* Termina.

LUISA.- "Y es que tiene una forma de mirarte". ¡Imbéciles!

(Se miran. ANDRÉS se acerca a ella, pero LUISA se pone tras la mesa. ANDRÉS la persigue.)

LUISA.- Ahora no me da la gana a mí.

(LUISA corre al retrete, entra y se cierra.)

ANDRÉS.- *(Golpea la puerta con la palma de la mano.)* Abre.

LUISA.- *(Dentro.)* No.

ANDRÉS.- Abre.

LUISA.- *(Dentro.)* Que no.

ANDRÉS.- Está bien.

LUISA.- *(Dentro.)* ¿Vas a estudiar esta noche?

ANDRÉS.- Sí, y quizá escriba un rato también.

LUISA.- *(Dentro.)* Te haré café.

ANDRÉS.- Ya lo hago yo. Tú acuéstate. Estás muy cansada.

LUISA.- Voy a tomar una ducha antes. *(Sale.)* Por cierto que, mira, se está pudriendo la goma.

ANDRÉS.- Habría que comprar otra.

LUISA.- Se puede cortar por aquí.

ANDRÉS.- Pero entonces no entra por el caño.

LUISA.- Lo que daría por cambiar esa horrible cubeta de plástico por una gran bañera blanca llena de espuma hasta los bordes.

(ANDRÉS la mira. Sus miradas se encuentran, hay una leve pausa.)

ANDRÉS.- ¿Por qué no me has dicho nada de la carta?

LUISA.- ¿Qué carta?

(ANDRÉS coge el bolso de Luisa, lo abre y saca una carta.)

LUISA.- No sabía que registraras mis cosas.

ANDRÉS.- Fue antes. No encontraba las cerillas. ¿Piensas ir?

LUISA.- Bueno, no creo que haya nada especial en que vaya, *(corrige.)* que vayamos los dos... Se casa mi hermana y hace tantos meses que no he visto a mis padres y tú tampoco a los tuyos... Creo que es natural que... Yo me pongo cualquier cosa y...

ANDRÉS.- ¿Por qué se lo has dicho?

LUISA.- ¿El qué?

ANDRÉS.- Hablo del puesto en el banco. Tu padre y su danza de dinero. No quiero nada de él. Ni de él, ni de nadie. ¿Comprendes?

LUISA.- Te aseguro que yo no le dicho ni una palabra.

ANDRÉS.- Primero mucho poner el grito en el cielo, ¿y ahora viene con esas? Sí, ya sé que yo no tengo que ver con ello. Lo hace por esto... *(Señala el vientre de LUISA.)*

LUISA.- No te consiento que le llames "esto". Se trata de nuestro hijo.

(Luisa entra en el retrete y cierra la puerta. A poco comienza a oírse el ruido del agua que cae. ANDRÉS guarda la carta en el bolso, luego va a la cocina, echa el café en la taza que pone sobre la mesa. Saca una pastilla de un tubo y la echa en el café; luego pone el azúcar, lo revuelve y bebe a pequeños sorbos. Durante todo esto sigue recitando el tema.)

ANDRÉS.- ... La incapacidad no se aplica a determinadas personas -exceptae personae- cognati del causante dentro del sexto grado y afines próximos. Por lo demás, las normas...

LUISA.- *(Dentro.)* Andrés... *(Ríe.)*

ANDRÉS.- ... que hemos señalado fueron luego modificadas con fines fiscales hasta ser derogadas en el derecho.

LUISA.- *(Dentro. Más fuerte.)* Andrés...

ANDRÉS.- ¿Qué pasa?

(Se oye más fuerte la risa de LUISA.)

ANDRÉS.- ¿Puede saberse de que te ríes?

LUISA.- *(Dentro. Riendo. Habla entrecortadamente.)* Es que estoy recordando la tarde en que nos tocó en la butaca de al lado del cine al catedrático de Historia y empezó a tocarme las rodillas. La cara que puso cuando se encendieron las luces y nos reconoció... *(Ríe.)*

(ANDRÉS va a la cama y se tumba con las manos cruzadas detrás de la nuca.)

ANDRÉS.- Se hubiera merecido una buena paliza.

LUISA.- *(Dentro.)* Desde luego es que tú eras maravilloso, porque si había que jugar un partido de fútbol allí estabas tú.

ANDRÉS.- Ven.

LUISA.- *(Dentro.)* Si había que representar una obra de teatro allí estabas tú.

ANDRÉS.- Te espero.

LUISA.- *(Dentro.)* Si la tuna iba de ronda...

ANDRÉS.- Te estoy esperando.

LUISA.- *(Dentro.)* Allí estabas tú tocando la pandereta o agitando la bandera.

ANDRÉS.- Era lo único que sabía hacer.

(LUISA sale en camisón.)

LUISA.- *(Saliendo.)* Y desde luego si había camorra, se tratara de faldas, de fútbol o de política *(Se pone el delantal por encima y se acerca al fregadero.)*

allí era seguro encontrarte. No había perdida: el más pegón y el más gritón, aquel eras tú.

ANDRÉS.- Pero ¿vienes o no vienes?

LUISA.- No seas pesado, tengo que fregar esto.

(De pronto, LUISA se pone un puchero en la cabeza, al brazo el cesto de la compra y finge -con la escurridera- que fuma una larguísima boquilla. Se pasea contoneándose mucho.)

LUISA.- ¿A ti que te parece? ¿Podría hacer una estrella?

(Se tumba junto a ANDRÉS espectacular y cómicamente seductora.)

LUISA.- ¡Querido productor!... Hay que decir mucho querido por aquí y querido por allá, ¿no? Querido me han dicho que proyecta usted una Electra moderna. Le advierto que yo, aunque parezca tan frívola, tengo un temperamento terriblemente dramático. Champán rosa por favor. *(Ríe.)* Oh, querido... *(Ríe.)* Oh, que atrevido... Oh, es usted delicioso. *(Ríe.)* Verá, esas cosas las consulto siempre con mi marido. *(Ríe.)* ¿Qué no le conoce? ¡Pero si es uno de los mejores guionistas!... ¿qué? *(Ríe.)* Oh sí, sí; nueva ola desde luego. Oh, se le voy a presentar. *(Se vuelve a ANDRÉS y le presenta al imaginario productor.)* Andrés te presento a... Es encantador, ¿verdad? Si tiene varias cosas escritas. Si quiere podemos mandárselas y usted escoge la que prefiera. Sí, todo muy moderno, en la mejor línea europea. Pero, evidentemente, se pasa el día y la noche escribiendo. ¿Eh? Es lo que yo digo, las noches cuando se es joven... *(Ríe.)* Él solo tiene ojos para su trabajo...

ANDRÉS.- *(Grita.)* ¡Basta ya!

(LUISA se quita el puchero y deja el cesto en el suelo.)

LUISA.- ¿Qué te ocurre?

ANDRÉS.- No era verdad, ni siquiera me recibió ese productor del que te hablé.

LUISA.- Otro lo hará.

ANDRÉS.- Pero ¿cuándo? ¿cuándo?...

LUISA.- Te quiero.

ANDRÉS.- ¿Es que no te das cuenta? No es suficiente con que tú vengas cada noche y me digas: "Te quiero".

LUISA.- Es lo único importante para mí.

ANDRÉS.- Pero ¿y todos los sueños que te ofrecí? ¿Dónde están? ¿Qué se ha hecho de todo aquel mundo de promesas? ¿Eh?

LUISA.- Vámonos de aquí. ¡Vámonos!

ANDRÉS.- No.

LUISA.- Quisiera que mi hijo naciera allí.

ANDRÉS.- Vete tú, yo me quedo, te esperaré.

LUISA.- ¿Tanto te pido? Que me acompañes unos días...

ANDRÉS.- Sabes muy bien que si salgo de aquí, nunca más volveré.

LUISA.- Tanto mejor.

ANDRÉS.- ¡No! Quiero estar aquí, aquí... Esta es mi vida. La que he elegido, la que quiero vivir.

LUISA.- Pero ¿dónde está? ¿dónde?

ANDRÉS.- En algún sitio, en algún punto de esta ciudad.

LUISA.- Vives colgado de ese teléfono. Colgado de esa llamada que no llega.

ANDRÉS.- En mí. *(Se golpea la frente.)* Aquí dentro es donde debe sonar.

LUISA.- Pues bien: Estate ahí, esperando esa llamada que no llega nunca. ¿En qué mundo vives?

(LUISA se deja caer sobre la cama. ANDRÉS la acaricia el pelo. Se oyen los sollozos entrecortados.)

ANDRÉS.- Te quiero.

LUISA.- Nos destrozamos el uno al otro porque nos sentimos ahogar. Oh, este revolverse arañando fantasías.

ANDRÉS.- Perdóname, la culpa es mía.

LUISA.- ¿De qué culpa hablas?

ANDRÉS.- ¿Sabes? A veces me dan ganas de abandonar.

LUISA.- ¡Lucha! ¡Lucha!... No me hagas caso cuando... cuando yo misma te impulse a ello, a veces. No quiero verte...

ANDRÉS.- ¿Vencido?

LUISA.- No... abandonar. La razón de ti mismo está en luchar. Vencer o no, no depende de ti... sino de tantas cosas: oportunismo, suerte...

ANDRÉS.- *(Suavemente.)* Talento...

LUISA.- Sobre todo talento. Y de eso te sobra.

ANDRÉS.- ¿Y si no lo tuviera?

LUISA.- ¡Lo tienes!

ANDRÉS.- ¿Quién lo sabe?

LUISA.- Yo.

ANDRÉS.- Me quieres. No puedes ser un juez imparcial.

LUISA.- Lo soy y voy a demostrártelo.

(LUISA se levanta.)

ANDRÉS.- ¿Dónde vas?

(LUISA va a la mesa, abre el cajón y saca un montón de folios mecanografiados. Vuelve con ellos y los arroja sobre la cama.)

ANDRÉS.- ¿A qué viene esto ahora?

(Abriendo los folios.)

LUISA.- Has escrito dos novelas, que nadie quiere publicar. ¿Y sabes por qué? Es posible que sean geniales, pero a mí no me han gustado. Tú mismo no estás seguro de que te gusten. Escribes según la moda, obscuro, retorcido. Sí; ya sé que están Kafka y todos lo demás.

ANDRÉS.- Aquí nadie escucha a nadie.

LUISA.- Pero yo te digo que cuando se tiene talento no hay cortapisas, no hay barreras, y si las hay, se rompen.

ANDRÉS.- ¿Y si no se pueden romper?

LUISA.- Se pudre uno, pero sin gritos. Si todos los hombres de esta ciudad que se creen genios y que nadie les escucha se pusieran a gritar al mismo tiempo surgiría un clamor que se oiría desde el otro lado del mundo.

ANDRÉS.- ¡Pues que se oiga!

LUISA.- No se oye más porque griten muchos. Basta una sola voz, pero ¿dónde está? Estoy esperando que me la presenten. Tú no lo eres, al menos aún. Y todos los demás mucho ir y venir y cuchichear y traer y llevar cuentas y las vidas de los otros. ¡Viva el cotilleo intelectual!... Prefiero el de mi madre poniendo de vuelta y media a la vecina con los vecinos y a los vecinos con la vecina. Al menos ella no puede hacer otra cosa.

ANDRÉS.- Y, ¿qué podemos hacer nosotros?

LUISA.- Trabajar.

ANDRÉS.- ¿Dónde? ¿Cómo? Es lo que queremos.

LUISA.- No lo sé... *(Solloza.)* Oh, si lo supiera, si lo supiera.

ANDRÉS.- La próxima vez acertaré. Te lo prometo.

LUISA.- ¿Acertarás? Pero ¿es que se trata de un acertijo? Dime: ¿Para quién escribes? ¿Eh? ¿Tú y todos los demás? ¿Para quién? Tenéis toda la nación a la escucha, os están esperando.

ANDRÉS.- Les han viciado.

LUISA.- Reedúcalos.

ANDRÉS.- Pero ¿cómo? Los medios no están en nuestras manos.

LUISA.- He oído hablar de hombres que iban con una carreta por los pueblos. Es ahí, ahí, donde hay que librar la batalla. Aquí todos saben tanto que no es posible enseñar nada a nadie. Corréis unos detrás de otros quitándoos la palabra. Pero tenéis realmente ya algo que decir. Porque no se trata de hablar sino de contar algo real y verdadero que conmueva y arrastre. ¿Dónde está eso? ¿Dónde? Os contentáis con rizar el rizo del estilo. Pero no hay nada vivo aquí. *(Tira los folios al suelo.)* ¿Qué? ¿Piensas estar así toda la vida? Colgado de una rama de oro batiendo alas de nácar y lanzando trinos de flautín sofisticado.

(ANDRÉS se levanta, recoge los folios, los apila y va a guardarlos nuevamente al cajón.)

LUISA.- Pero no, hay que esperar la superproducción, cinemascope color y estrellas de cinco países. Hay que entrar por la puerta grande.

ANDRÉS.- Escogeríamos la de servicio, pero nadie nos quiere abrir.

LUISA.- Llamad más fuertemente. Que tiemble la casa con vuestros golpes.

ANDRÉS.- Es que no hay puerta.

LUISA.- ¡Derribad entonces el muro!

ANDRÉS.- Ni siquiera hay muro, no hay nada.

LUISA.- Pues construid la casa y la puerta. Y luego cuando lleguéis poned el timbre para el que venga después. No empezad por el muro.

ANDRÉS.- Me siento tan cansado.

LUISA.- No quiero oírte decir eso.

ANDRÉS.- Es la verdad. Y luego todo este desconcierto.

(LUISA se levanta y va al centro de la escena.)

LUISA.- Vamos a estar aquí hasta que salga por esa puerta la última silla y luego nos sentaremos en el suelo. Y si cortan la luz encenderemos velas, y si nos quieren echar nos tenderemos en el suelo y tendrán que sacarnos a rastras. ¡Pero tienes que conseguirlo! ¡Sé que lo vas a conseguir!

ANDRÉS.- ¿Estás segura?

LUISA.- Estoy segura.

(LUISA se vuelve hacia ANDRÉS.)

LUISA.- Ven. Coge el teléfono, han llamado.

ANDRÉS.- *(Ilusionado.)* ¿Estás segura? *(Corre al teléfono.)* Yo no he oído nada. *(Coge el auricular.)* ¿Diga? ¿Diga? ¡Dígame!...

(LUISA le mira hacer con una sonrisa un poco triste. Suspira con cansancio.)

LUISA.- Nadie ha llamado.

ANDRÉS.- ¿Entonces? *(ANDRÉS cuelga.)*

LUISA.- Se trata de un ensayo. Un día sonará y debes estar preparado, ¿comprendes?

ANDRÉS.- Qué tontería...

LUISA.- No es ninguna tontería. Coge el teléfono.

(ANDRÉS coge el teléfono. Ella se lo quita. Todo ahora es como si realmente alguien hubiera llamado. Hablan a media voz y al hacerlo tapan el auricular como para que el imaginario productor no oiga sus comentarios.)

LUISA.- Escucha: Es él. Es tu oportunidad. Te ha llamado y te ha dicho: "Hemos leído su guion y nos ha gustado. Quisiéramos en fin, hablar con usted a ver si llegamos a un acuerdo".

(ANDRÉS coge el auricular al vuelo.)

ANDRÉS.- Pero ¡Volando!

LUISA.- *(Deteniéndole.)* ¿Lo ves? Nada de "volando"; que no vean que te estás muriendo por que te den esa oportunidad. *(Le coge el auricular. Al teléfono.)* ¿Diga?

ANDRÉS.- ¿Pero te llaman a ti o a mí?

LUISA.- *(Al teléfono.)* Perdone soy su secretaria. *(A ANDRÉS.)* ¿Estás ya?

ANDRÉS.- Sí, claro.

LUISA.- *(Al teléfono.)* Le paso la comunicación.

(Le da el auricular a ANDRÉS.)

ANDRÉS.- *(Al teléfono.)* ¿Diga?

LUISA.- No ahueques la voz: Se te nota a la legua que tienes miedo.

ANDRÉS.- *(Al teléfono.)* Sí, yo soy.

LUISA.- Pon condiciones.

ANDRÉS.- *(Al teléfono.)* Sí, sí, ya me han hablado de...

LUISA.- No olvides que sin ti no pueden hacer nada. La película es el guion. ¡Tu guion!...

ANDRÉS.- *(A LUISA.)* ¡Cállate!... *(Al teléfono.)* Sí, le oigo perfectamente.

(Esta escena no debe ser una parodia, sino dar la sensación de que ocurre realmente.)

ANDRÉS.- *(Al teléfono.)* Sí, desde luego no tengo ningún inconveniente....

LUISA.- ¡Pon condiciones!

ANDRÉS.- *(Al teléfono.)* ¿Variar todo el final?

LUISA.- ¡No!...

ANDRÉS.- *(A LUISA.)* ¡Calla!... *(Al teléfono.)* Pero ¿entonces? Ah, sí; claro... comprendo...

LUISA.- Pero ¿qué dice ahora?

ANDRÉS.- Realmente no veo la necesidad de que intervenga nadie más; aparte del director, naturalmente, creo que la...; sí, ya el equipo; pero la...

LUISA.- ¡Muy bien! ¡Así, así!...

ANDRÉS.- La idea tiene fuerza y está completamente...

LUISA.- No, nadie más, los chupones y los compadres que llamen a otra puerta...

ANDRÉS.- *(Al teléfono.)* ...Está suficientemente desarrollada; así que no veo la...

LUISA.- ¡Más aplomo!... ¡Más fuerza!...

(De pronto ANDRÉS mira a LUISA, luego al auricular. Comprende todo el absurdo de la situación.)

ANDRÉS.- Más... ¿qué? *(Cuelga.)*

LUISA.- *(Cansada.)* ¡Oh!...

(Hay una pausa de silencio. LUISA ha ido al fregadero. ANDRÉS coge el cuestionario y lo consulta.)

ANDRÉS.- *(Recitando.)* La legislación justiniana no conoce otro caso de incapacidad que el feminae probosae a quienes Domiciano había prohibido ya suceder por testamento y ab intestato *(A LUISA.)* Hazme otra taza de café.

(LUISA coloca el cacharro con el agua y enciende el gas. ANDRÉS se tapa la cara con las manos.)

ANDRÉS.- ¿Qué puedo hacer? Estoy colgado entre dos mundos y siento que no pertenezco a ninguno de ellos.

LUISA.- Háblales.

ANDRÉS.- ¿A quiénes?

LUISA.- A los de tu mundo. A todos esos entre los que te criaste: Tu familia y todos los demás.

ANDRÉS.- No hay nada de común entre ellos y yo. Ni siquiera hablamos el mismo lenguaje.

(LUISA canta a boca cerrada mientras sigue fregando, la melodía de "Triste y sola, sola se queda Fonseca, Triste y llorosa queda la Universidad, etc.")

ANDRÉS.- *(Recita.)* Con la falta de un verdadero testamento... *(ANDRÉS enciende un cigarrillo.)*

LUISA.- *(Cantando.)* "...Triste y sola, sola se queda Fonseca..."

ANDRÉS.- *(Recita.)* ... la indignidad no es incompatible con la delación de la herencia, ni con la... *(Hablando.)* Pero ¿nos sirve de algo esta lucidez o podemos servir con ella a alguien? Nadie quiere saber nada.

LUISA.- *(Cantando.)* "... Y los libros..."

(LUISA coloca una taza de café sobre la mesa.)

ANDRÉS.- *(Recitando.)* Ni con la adquisición de esta, pero el Estado despoja de lo adquirido al indigno, esto es, al heredero o legatario que observa conducta reprobable. *(Deja de recitar.)* Hablamos hilvanando palabras sobre nubes. Nuestros escritores rizan el rizo del estilo, y así en todo lo demás: Tenías razón; yo mismo...

LUISA.- *(Cantando.)* "... Triste y sola queda la Universidad..."

(LUISA le sirve el café, echa el azúcar y revuelve. Sigue canturreando.)

ANDRÉS.- ¡No! Tenemos grandes cosas que decir, pero solo nos atrevemos a insinuar. Hemos llevado a su punto culminante, el arte de las medias palabras del leer y del decir y aún del pensar entre líneas. ¿Sabes por qué? Por miedo. Han hecho de nosotros un pueblo de cobardes.

LUISA.- ¿Pero quién?

ANDRÉS.- Extiende la mano a cualquier sitio y con los ojos cerrados di: "Este" y habrás acertado. Nos tememos los unos a los otros. Hemos perdido la confianza en los demás. Y esto es lo peor de todo, esta desconfianza. Es el más terrible legado de nuestra guerra[61], es este...

LUISA.- Pero si tú y yo no habíamos nacido entonces...

ANDRÉS.- Y luego está el otro miedo, ese miedo impalpable que nos cubre como un cielo acongojante. No sabemos que pensar ni que decir, sobre nada antes de escuchar las versiones oficiales.

LUISA.- ¿Qué nos queda entonces? ¿El balancín de la duda?

ANDRÉS.- Ni eso: la duda es ya un pecado de desviacionismo.

LUISA.- Escúchame.

ANDRÉS.- Un pueblo no es su historia sino los hombres vivos que están haciendo la historia de este mundo. Nos hablan y hablan de grandezas pasadas, de destinos geniales, de no sé qué gloriosos antepasados. Pero ¿dónde están los de hoy?

LUISA.- Escúchame, tengo algo muy importante que decirte.

ANDRÉS.- Lo terrible es saber que cada pueblo tiene lo que se merece. Nosotros hemos elegido...

LUISA.- ¿Elegido esto?

ANDRÉS.- Sí, con nuestro silencio, con su silencio, con tu silencio, con el mío.

LUISA.- Pero si no haces más que hablar y hablar.

ANDRÉS.- Aquí, en los cafés, con los amigos. Pero nadie tiene el valor de salir a la calle y gritar que no estamos conformes.

LUISA.- Pero ¿con qué?

---

[61] En la primera versión indicó «nuestra guerra civil» y borró «civil».

ANDRÉS.- Con todo lo que nos rodea.

LUISA.- Eso es decir nada o decir demasiado. Escúchame...

ANDRÉS.- *(Ríe.)* Es curioso observar el panorama, la tensión, el estado de sitio. Los que están temen a los que puedan llegar, y los que esperan su arribo tiemblan también.

LUISA.- Hay algo más importante que todo eso.

ANDRÉS.- Nada puede haber más importante.

LUISA.- Sí.

ANDRÉS.- ¿Qué?

LUISA.- Te quiero.

ANDRÉS.- Nos refugiamos en nuestra vida privada. Alejamos nuestros pequeños dilemas y sentimientos personales. Hay que salir fuera de nosotros mismos. El mundo que nos rodea es nuestro, nos pertenece.

LUISA.- ¿A ti y a mí?

ANDRÉS.- A todos. Hemos dejado los asuntos más graves en manos de otros.

LUISA.- ¿Es que no quieres oírme? Quiero decirte algo...

ANDRÉS.- La política asusta. Es el tabú, el gran coco amenazante. Los que se atreven hacen su agosto.

LUISA. Te quiero, te quiero, te quiero.

ANDRÉS.- Nos han dicho: "Sois distintos, solo se os puede gobernar a látigo" y nos lo hemos creído. En el fondo hasta nos gusta este sentirnos ingobernables, rebeldes a toda atadura. Estamos en el ataúd, pero muy orgullosos, con una secreta alegría, como el niño al que encierran por malo en el cuarto oscuro. Está mal, pero se come las lágrimas y finge la risa para que los que están fuera piensen que está así porque quiere, porque para eso es el más revoltoso de la clase, y está allí cumpliendo su deber, condenado por su propia idea de grandeza. Solo de mayores comprendemos el absurdo de este gesto, pero lo cierto es, que en otras cosas -las más importantes- lo seguimos repitiendo casi sin darnos cuenta. El juego está aprendido. Solo que ya no se trata de un juego de niños y el mecanismo rueda en un vacío que intentamos rellenar...

LUISA.- ¿De qué?

ANDRÉS.- De palabras, de historias, y de promesas que no se cumplen jamás. Y nosotros entretanto, ¿qué hacemos? Se ha hecho frase decir: "¿qué? ¿arreglando España?" En el fondo tú y yo y todos los demás, lo que estamos haciendo es destruirla.

LUISA.- ¿Qué pensarán ellos de todo esto?

ANDRÉS.- ¿Quiénes?

LUISA.- Los que están arriba. No hay que caer en el tópico de creer que todos obran con mala fe.

ANDRÉS.- ¿Quién puede saber lo que piensan? Ni siquiera sabemos con certeza lo que hacen.

LUISA.- Quizá les falte lucidez.

ANDRÉS.- Lo que les sobra es sentido de la oportunidad. Han sido demasiados años de vivir a salto de mata... Y hay intereses creados. Y sobre todo miedo.

LUISA.- ¿También ellos?

ANDRÉS.- Aún más que los demás. Oh, la gran sombra del posible arreglo de cuentas les aterra.

LUISA.- Bueno, se acabó. *(Canta.)* "Quiero dormir, quiero dormir, quiero dormir."

(Saca de la mesilla un tubo de crema que comienza a extender sobre su cara, mientras canturrea.)

ANDRÉS.- Lo malo es que llegará. Y quizá sin tardar mucho. Pero sobre todo me aterra pensar que será absolutamente incontrolable. Son demasiados años de rígido control. Es tópico decir que los españoles confundimos la libertad con el libertinaje. No lo confundimos, lo que pasa es que solo hemos conocido lo segundo. Y no...

LUISA.- ¿Te pongo un poco de música de fondo para el discurso? *(Le besa.)*

ANDRÉS.- ... Y no hay que extrañarse de que el agua derrumbe la presa y se abalance en tromba, si se ha dejado llenar hasta el borde y solo se ha dejado salir el chorro preciso para mover las turbinas.

(LUISA se levanta, cruza la escena y conecta la radio.)

LUISA.- Parece que ahora se están abriendo las compuertas.

(Se alza una melodía. LUISA se vuelve a la cama y se acurruca al lado de ANDRÉS.)

ANDRÉS.- Es ya demasiado tarde: El pueblo calla, pero ya es imposible engañarle. Ha aprendido más de lo conveniente. Calla y espera. Y es precisamente ese silencio lo que me asusta.

LUISA.- Se acabó. Abrázame. Quiero dormir en tus brazos.

(Una pausa, se oye la música.)

ANDRÉS.- ¿Qué piensas?

LUISA.- Tengo tanta fe en ti.

ANDRÉS.- Lo mismo decías entonces, ¿recuerdas?

LUISA.- Nada ha variado.

ANDRÉS.- El tiempo pasa y seguimos en el mismo punto, varados, inmóviles. Digo: Todo es aún posible. Pero ¿qué...? ¿Qué es lo que puedo hacer ya?

(Una pausa. Música.)

ANDRÉS.- Ten fe en mí; no me queda nada, ¡nada!... ¿Comprendes? Solo tú. Luisa, tengo que decirte que...

tengo miedo. Me siento acorralado. Quisiera recobrar aquella fuerza, aquel ímpetu.

LUISA.- Lo recobrarás.

ANDRÉS.- Ayúdame.

LUISA.- En realidad no lo has perdido. Está aquí *(Le besa la frente.)* y aquí *(Le besa el pecho por el pijama entreabierto.)* y aquí, sobre todo.

ANDRÉS.- *(Soñador.)* ¿Qué queda del muchacho que conociste? Yo hablaba y hablaba. Cuantos proyectos en aquellos paseos junto al mar al caer la tarde con las luces de la ciudad al fondo que se iban encendiendo hasta que ya era imposible contarlas. Con las manos entrelazadas y la cabeza sobre mi hombro yo hablaba, te hablaba de un mañana que no ha llegado, que no llegará.

LUISA.- Yo tengo fe en ti.

ANDRÉS.- Cuantas muchachas dicen a un hombre: Yo tengo fe en ti. Pero esto no modifica nada. Me quieres cada vez más tiernamente, más maternalmente, me arropas, me cobijas, me proteges y yo siento que me voy ablandando.

LUISA.- Me hace tanto daño oírte hablar así...

ANDRÉS.- Recuerdas cuando salía con mis amigos y hablábamos del futuro y todo era aún posible; lo veíamos tan claro. Un camino por el que se va cantando cogidos por los hombros, sonriendo a las muchachas, ¿qué ha sido de todo eso?

LUISA.- Mi vida...

ANDRÉS.- No sé nada de los demás. He perdido el... el contacto.

LUISA.- ... Te quiero.

ANDRÉS.- ¿Te das cuenta? Hablamos en voz baja, cuchicheamos.

(ANDRÉS coge entre sus manos la cabeza de LUISA y la mira largamente a los ojos.)

LUISA.- ¿Qué?...

ANDRÉS.- ¿Eres... eres feliz?

LUISA.- ¿Es que lo has dudado alguna vez? Eres tú quien no lo parece tanto.

ANDRÉS.- Yo soy muy feliz teniéndote a mi lado. Mi mundo, el que yo amo, ese mundo que solo tú conoces, muere o vive a una palabra tuya, a una mirada, a un gesto.

LUISA.- Yo te quiero.

ANDRÉS.- Lo sé.

LUISA.- Entonces, ¿a qué viene ese entrecejo? Antes eras más alegre.

ANDRÉS.- Di más ingenuo. Creía en tantas cosas...

LUISA.- ¿Y ahora no?

ANDRÉS.- Sí, pero...

LUISA.- Pero ¿qué?...

ANDRÉS.- Menos, o mejor dicho, de otra forma: Antes creía que todo era menos cruel.

LUISA.- Pero tú sabías que era preciso luchar. Luchabas ya en la facultad por conseguir los primeros puestos. Lo mismo en las aulas que en el campo de deportes. Y lo conseguías. La victoria está siempre detrás de la pelea. Era lo que más me gustaba en ti: tu empuje.

ANDRÉS.- *(Sonríe.)* ¿Dónde está ahora?

LUISA.- Aquí. ¿Qué es todo esto sino lucha? Solo que ahora somos dos luchando juntos, hombro contra hombro.

ANDRÉS.- Luché entonces y sabía que siempre me sería preciso luchar. Pero nunca pensé que... que el fracaso existiera realmente.

LUISA.- Conocías otros casos.

ANDRÉS.- ¿Por qué lo has dicho?

LUISA.- ¿El qué?

ANDRÉS.- Otros. Has dicho: otros. ¿Es que me incluyes ya en la lista?

LUISA.- No, no, no, no...

ANDRÉS.- Yo... yo sabía que algunos, que muchos, fracasaban. Como sé que muchos mueren. Pero no se me ocurría pensar en mí mismo en esa situación, ¿comprendes? Imaginarme fracasado. Como tampoco lograba verme, no sé, muerto. El fracaso y la muerte son siempre cosas que ocurren a los otros.

LUISA.- Pero ¿quién te ha dicho que eres ya un fracasado? Aún hay tanto tiempo para nosotros... Somos solo dos niños que piden demasiado.

ANDRÉS.- Antes todos esperaban mucho de mí.

LUISA.- Yo lo espero todo, ¡todo!...

ANDRÉS.- Porque me quieres. Pero ¿y los demás? ¿Es que ya no soy el mismo?

LUISA.- ¿Por qué dices eso?

ANDRÉS.- Lo noto en la forma en que me paran y me palmean la espalda y me dicen: "¿Qué tal? ¿Eh? ¿Cómo va eso?" Y sonríen: "No tienes que desanimarte muchacho. Esas cosas, ya se sabe, van lentas. Pero todo llegará, llegará..."

LUISA.- Llegará.

ANDRÉS.- Pero ¿cuándo? ¿cuándo?

LUISA.- Estamos juntos: Nos queremos. ¿No es bastante? Piensa en tantos que están solos. Nos ha tocado lo mejor del reparto... ¿Qué piensas?

ANDRÉS.- En todo lo que quisiera para ti.

LUISA.- Nunca he deseado lujos. Los he tenido, pero ahora te tengo a ti, y he ganado en el cambio.

ANDRÉS.- ¿De verdad que no añoras aquello?

LUISA.- Mi pequeño niño tonto...

ANDRÉS.- Es que yo hablaba tanto de lo que sería nuestra vida: tantos proyectos, tantos sueños, ¿recuerdas? Siento que te he defraudado.

LUISA.- Escucha: Me casé contigo porque te quería. Te quería y te quiero, pero a ti mismo. No al gran hombre que pudieras llegar a ser, que yo sé que serás. Pero no es a ese sueño brillante a lo que quiero, sino a ti, aquí o en cualquier parte, ahora o siempre, pobre o rico, triste o alegre. *(ANDRÉS la atrae hacia sí. Ella le acaricia suavemente la mejilla.)* Además, vamos tirando, ¿no? Con tus clases y mi empleo... Claro que dentro de un par de semanas ya no podré ir. Pero volveré después, hasta que tú...

(ANDRÉS se vuelve hacia ella, LUISA le mira.)

LUISA.- ¿Qué te ocurre ahora?

ANDRÉS.- Nada.

LUISA.- Si he dicho algo que pudiera ofenderte te ruego que me perdones. Lo he hecho sin darme cuenta.

ANDRÉS.- No es eso.

LUISA.- ¿Entonces?

ANDRÉS.- Me da tanta vergüenza.

LUISA.- *(Falsamente irritada.)* A veces me dan ganas de darte unos azotes como si fueras un mocoso. Vamos, dime de una vez *(Le revuelve el pelo.)* lo que te bulle ahí dentro...

ANDRÉS.- Me da tanta vergüenza...

LUISA.- Me gusta trabajar. No lo hago solo por ti, bueno y por el niño. Sino sobre todo por mí misma. Me da la sensación, no sé, de que soy útil. Prométeme una cosa.

ANDRÉS.- ¿Qué?

LUISA.- Que siempre me permitirás trabajar. Incluso cuando ganes mucho dinero. Entonces trabajaré para ti. Seré, no sé; tu secretaria, tu... *(Tiene una ligera contracción.)* ¡Oh!...

ANDRÉS.- ¿Qué te ocurre?

LUISA.- Le... le siento moverse. Se está... se está dando la vuelta. *(Ríen.)* ¿Le quieres?

ANDRÉS.- Sí. ¿Y tú?

LUISA.- Más que a nada en el mundo.

ANDRÉS.- ¿No irás a quererle más que a mí? ¿eh?

LUISA.- Tonto, es distinto.

ANDRÉS.- Es una sensación extraña esta de ser... bueno de ser padre. Nunca se me había ocurrido. Es lo único que no había pensado jamás. Y ahora bueno, estoy como un niño con zapatos nuevos.

LUISA.- Recuerdo cuando te lo dije. Te quedaste mirándome con una cara... *(Ríe.)* Me hubiera gustado que te vieras en el espejo. ¿Cómo será?

ANDRÉS.- Desde luego niño, claro.

LUISA.- Yo preferiría una niña.

ANDRÉS.- Ya hemos discutido eso bastante. Como me traigas una niña, os planto a las dos en el rellano de la escalera.

LUISA.- Tonto.

ANDRÉS.- ¿Yo?

(ANDRÉS falsamente indignado se abalanza sobre LUISA. Luchan un momento.)

LUISA.- Estoy intranquila por él... A pesar de todas tus razones creo que debería estar siempre en casa de mis padres. *(A un gesto de ANDRÉS.)* No te sulfures. Es el primer nieto y los pobres están chiflados con él. Y luego figúrate mis hermanos, le tendrán como un juguete.

ANDRÉS.- Yo quisiera tenerle siempre a mi lado. A veces me despierto sobresaltado, porque le oigo llorar.

LUISA.- De verdad sigues pensando que debemos...

ANDRÉS.- Una temporada en casa de tus padres y otra en la de los míos. En ningún sitio, ni aún aquí, estará atendido con tanto cariño.

LUISA.- Sí, comprendo que es imposible. Yo tengo que ir a trabajar y a ti te molestaría. Los niños lloran, hay que cambiarlos, y luego los biberones, el agua para lavarles a la temperatura precisa y todos los pequeños cuidados. Y sin embargo, sin él creo que me sentiría incompleta.

ANDRÉS.- Me tienes a mí, ¿no?

LUISA.- *(Ríe.)* ¿Tienes celos de él?

ANDRÉS.- Muchísimos. Casi hubiera preferido que...

LUISA.- No digas eso.

ANDRÉS.- Pero si es que no me vas a hacer ni caso, como si lo viera: "Que si el niño por aquí, el niño por allá, y que mírale como ríe y fíjate que pucheritos hace." Vamos, y a mí ni caso.

LUISA.- Tú serás siempre lo primero.

(Y le coge las manos y le besa las palmas, luego se las pone sobre las mejillas.)

ANDRÉS.- Ocurra lo que ocurra, debemos aferrarnos a nuestro amor. Mientras estemos así, unidos, seremos fuertes. Saldremos a la calle con la fuerza que da el saber que en un punto hay alguien que nos ama, que lo espera todo de nosotros.

LUISA.- Nunca creí que pudiera existir una felicidad como esta.

ANDRÉS.- ¿Sabes? Ayer venía en el metro. Miraba las cabezas a mi alrededor y me encontraba en medio de la gente como si estuviera en una isla desierta. Nada tenía importancia, nada, sino tú y nuestro hijo. Y de pronto, me vi subiendo las escaleras a todo correr y no paré hasta que abrí esa puerta y te vi fregoteando ahí. *(Respira profundamente.)* Soy feliz.

(La música de la radio se eleva. Es una melodía de baile.)

LUISA.- Escucha.

ANDRÉS.- ¿Qué?

LUISA.- Esa melodía... *(Se levanta.)* ¿Recuerdas? *(Baila sola, dando vueltas por la habitación.)* ¿Eh?

ANDRÉS.- Sí.

(LUISA tararea al compás de la música.)

ANDRÉS.- *(Levantándose.)* Tú estabas tan bonita aquella tarde y yo no sabía qué hacer con las manos.

LUISA.- *(Inclinando la cabeza, con las puntas del camisón recogidas.)* ¿Quiere... quiere usted invitarme a bailar?

ANDRÉS.- Encantado, señorita. *(Profunda reverencia.)* Es un alto honor.

(La enlaza. Bailan. LUISA tararea, ANDRÉS también. Cada vez más alto. Ríen. Siguen dando vueltas. Ríen más.)

ANDRÉS.- Algún día te regalaré ese disco. Será el primero de nuestra discoteca.

LUISA.- *(Como si leyera en el futuro.)* Tú tendrás un despacho impresionante con estantes llenos de libros hasta el techo.

ANDRÉS.- Será maravilloso.

LUISA.- Parece que lo estoy viendo.

ANDRÉS.- ¿El qué?

LUISA.- La casa, nuestra casa, los amplios ventanales y en el jardín, la risa de los niños persiguiéndose, jugando. Y además...

ANDRÉS.- *(Ríe.)* ¿Más aún?

LUISA.- Claro, el coche.

ANDRÉS.- *(Ríe.)* ¿No te parece demasiado?

LUISA.- Oh, un coche pequeñito para hacer excursiones los fines de semana. Yo conduciré, claro.

ANDRÉS.- No, yo.

LUISA.- ¡Yo!...

ANDRÉS.- Está bien, tu.

LUISA.- Es que tu estarás muy cansado de ir de un lado para otro, trabajando como un hombre importante, ¿comprendes? Y cuando los niños sean grandes *(Dejan de bailar. Están aún enlazados.)* tendremos otro más... más... *(Casi en un sollozo.)* Tú habrás engordado un poco y yo habré envejecido. *(Se abraza a él fuertemente.)* ¡Dios mío cuánto te quiero!...

ANDRÉS.- ¿Será verdad?

LUISA.- Te quiero.

ANDRÉS.- ¿Será verdad todo eso?...

LUISA.- Te quiero.

ANDRÉS.- Sí, lo es, ¡es verdad!

LUISA. Te quiero.

(Se besan suavemente. LUISA se aparta de pronto y va hacia la radio que apaga.)

LUISA.- Ahora a estudiar.

ANDRÉS.- Eh, me has dejado con la miel en los labios.

LUISA.- *(Cantando.)* A estudiar. A estudiar. A estudiar...

(Pone la silla en el centro de la escena. Le da el programa, recoge los apuntes y se mete en la cama.)

LUISA.- *(Leyendo.)* ¿Dónde habíamos quedado?

ANDRÉS.- *(Acercándose.)* ¿Un beso?

LUISA.- *(Se aparta.)* No.

ANDRÉS.- Si es solo un momento... *(Forcejean. Cantando.)* No, no, no, no...

(Al fin ANDRÉS la sujeta. La besa brevemente y se sienta a horcajadas en la silla, todo muy rápidamente.)

LUISA.- *(Lee.)* Venga. "Capacidad de suceder por testamento" Vamos, no te hagas el remolón.

ANDRÉS.- Espera que no... Ah, sí, habíamos quedado en...

LUISA.- Postumi Aquilani...

ANDRÉS.- *(Recuerda.)* Postumi... Ya está: Postumi Aquilani: nietos nacidos después de la muerte del testador, de padre viviente -te quiero- en el momento de otorgarse el testamento -te quiero- pero...

LUISA.- ¡Eh!, un poco de seriedad *(Compone el gesto.)* Recuerda que soy un señor con bigote...

ANDRÉS.- *(Ríe.)* ...pero fallecido antes que el primero. Postumi Vellacani primi: nacidos después de la confección del testamento, pero después de la muerte del testador *(Está mirando al vacío. Su voz se hace cada vez más lenta, más profunda. LUISA le mira. Hay una tensión más allá de las palabras.)* Postumi Vellacani secundi: nacidos antes del... del testamento de padre... premuerto... al...

(LUISA se levanta, se va acercando a él.)

ANDRÉS.- "... Testador... Postumi Luliani: nacidos *(Casi sollozando.)* después de..."

(LUISA le pasa las manos sobre los hombros.)

ANDRÉS.- "... del testamento, en vida de su padre, padre premuerto al... al... al..."

(De pronto abraza a LUISA y hunde la cabeza en su regazo. LUISA le cubre la cabeza con las manos.)

ANDRÉS.- Tengo miedo, tengo miedo, mucho miedo...[62]

(LUISA le acaricia la cabeza. Están así un momento, abrazados. Luego se separa, enciende un cigarrillo y se lo pone en los labios.)

LUISA.- Ten confianza; ¿no ves que con tu miedo aumentas el mío?

ANDRÉS.- ¿Ni siquiera a ti... voy a poder decir toda la congoja que?...

LUISA.- Estamos aquí soñando, balanceándonos en la cuerda floja de la esperanza, temiendo la caída en silencio, sin gritos, una caída desconocida. La piel de plátano que se barre y se echa al cubo de la basura. Las afueras de todas las ciudades se van poblando de residuos como nosotros, algo que se creyó cálido y brillante y es ya solo un despojo abandonado.

ANDRÉS.- Siento como si tuviera... no sé, alas: y quisiera volar. Sí, eso es exactamente: ¡quiero volar! Toda mi vida he querido hacer algo.... ¡algo!

LUISA.- Pero ¿qué?

ANDRÉS.- No lo sé exactamente: La oposición, los guiones... son tanteos. Es como si me preparase para algo más... ¡más importante!

LUISA.- ¿Sabes lo que te digo? Nunca has hecho nada porque no tenías nada que hacer. *(A un gesto de ANDRÉS.)* Sí, ya sé que no es el momento. Pero ¿qué quieres? Estoy ya tan cansada de mentirte, de mentirme a mí misma, de creer en... ¡en lo imposible!...

ANDRÉS.- Es preciso, ¿me oyes?; es preciso que al menos tú creas que...

---

[62] Nota del autor: *Puede bajarse el telón aquí, si se desea marcar un entreacto. Sin embargo, lo mejor sería representar la obra sin interrupción. En caso de entreacto, al alzarse de nuevo el telón, la acción continúa en la misma habitación con los personajes en la misma posición.* ANDRÉS repite: "Tengo miedo, tengo miedo, mucho miedo..."

LUISA.- Está visto que no hay forma de dormir esta noche. *(Suspira.)* En fin...

(Coge un caldero, lo pone en la piedra y abre el grifo. El agua cae.)

ANDRÉS.- ¿Qué vas a hacer?

LUISA.- Pasar la rodilla por el suelo.

ANDRÉS.- ¿A estas horas?

LUISA.- Estoy desvelada.

ANDRÉS.- ¿No puedes hacerlo mañana?

LUISA.- *(Mirando al vacío.)* ¿Mañana? *(Nuevamente en la realidad.)* No, no puedo dejarlo para mañana.

ANDRÉS.- Pues pasado o la semana que viene.

LUISA.- No.

ANDRÉS.- ¿Tanta prisa te corre?

LUISA.- *(Suspira.)* Más de la que te imaginas. *(Entra en el retrete dejando la puerta abierta.)*

LUISA.- *(Dentro.)* Te gustaría ir y venir. Y que todos dijeran: "Andrés, ¿cómo estás?" Y luego a tus espaldas: "Qué Gran muchacho". Y si algún pobre infeliz no te conociera, que todos abrieran los ojos como platos: "Pero si es..." Y aquí la gran palabra, el gran lo que sea, con tal de que sea algo grande y luminoso. Es eso, ¿verdad? En el fondo de tanta angustia no hay más que vanidad.

ANDRÉS.- Deja ya de decir tonterías.

(LUISA sale, vestida con bata, trae rodilla y jabón.)

LUISA.- Ya sé que no soy tan inteligente como tú. Es eso lo que te pierde. Adoras tu lucidez, esa tela de araña que tejes y destejes incansablemente, en cuyo centro estás tú mismo, inmóvil, apresado.

(LUISA ha dejado sobre el suelo el jabón y la rodilla. Entra en el retrete y sale con un felpudo sobre el que se arrodilla para fregar.)

ANDRÉS.- No sabes cuanto te agradezco tu fervor y tu estímulo.

(LUISA coge el cubo de agua y lo pone en el suelo.)

ANDRÉS.- Parece como si te estuvieras despidiendo y quisieras dejarlo todo bien limpio, bien ordenado.

LUISA.- Es posible que así sea.

ANDRÉS.- Sigues pensando en marcharte.

LUISA.- ¡Qué importa eso ahora!...

(LUISA aparta la mesa, pone sobre ella la silla, etc.)

LUISA.- Asómate a la ventana y mira: miles de personas cruzarán dentro de poco sus calles. Ahora duermen y sueñan. Se levantarán e irán a sus trabajos. Algunos fracasan. Otros triunfan. Pero ninguno se cree el ombligo del mundo. Tú lo conseguirás, desde luego, pero...

ANDRÉS.- *(Ríe.)* ¿Ahora vienes con eso?

(LUISA se arrodilla y comienza a fregar.)

LUISA.- Es que quiero que sepas que si no llegara a ocurrir, no por eso se hundiría el cielo. Los hay que fracasan a millares cada día y, ¿qué pasa?: Nada.

ANDRÉS.- Pero si no es el éxito lo que me importa, sino hacerme a mí mismo, encontrar el lugar exacto donde puedo rendir más, realizar el gesto útil que me justifique.

LUISA.- ¿Crees que tienes algo grande que decir?

ANDRÉS.- No sé si es grande o pequeño, pero sí: tengo algo. O al menos, quiero llegar a tener algo que decir.

LUISA.- ¿Y si nadie quiere escucharte?

ANDRÉS.- Gritaré.

LUISA.- Se taparán los oídos.

ANDRÉS.- Gritaré más fuerte.

LUISA.- Hasta cuándo podrás gritar en un desierto, no oír sino tu propia voz y la de los otros que gritan lo mismo sobre el mismo desierto.

ANDRÉS.- Algún día las cosas cambiarán.

LUISA.- ¿Cuándo?

ANDRÉS.- ¿Qué quieres? ¿Que te diga también la hora y el minuto? ¡Qué sé yo!...

(ANDRÉS se levanta, atraviesa la habitación y descuelga de la pared el cuadro de la orla donde están todas las fotos de su promoción. La mira, avanza sujetándola con ambas manos. Se tumba en la cama. Enciende un cigarrillo y luego coloca el cuadro sobre el vientre, apoyándolo contra las rodillas recogidas. Durante todo este tiempo y hasta su réplica canta a boca cerrada la melodía de clavelitos. Contempla el cuadro saltando de fotografía en fotografía. A veces esboza una sonrisa, deja caer la cabeza sobre la almohada, recomienza... LUISA sigue fregando, sector por sector. Se levanta, mueve el caldero, se arrodilla y vuelta a empezar.)

LUISA.- No es que no te oigan a ti y a todos los demás, es que no quieren oír. Somos demasiado jóvenes. ¿Qué podemos enseñarles? Nada, lo saben todo. Son más fuertes que nosotros y están arriba.

ANDRÉS.- Es injusto.

LUISA.- No. Han demostrado algo.

ANDRÉS.- Yo valgo, valgo.

LUISA.- Pero tienes que demostrarlo.

ANDRÉS.- Lo demostraré. Pero ¿cómo? ¿cuándo?

LUISA.- Intenta comprenderles primero, sé uno de ellos. No los desprecies sin conocerlos. Son seres humanos que viven, tienen también sus preocupaciones, van y vienen de un sitio a otro, luchan, se afanan. ¿Qué quieres? ¿Que lo dejen todo y se pongan a escucharte a ti? ¿Así, de pronto? Míralos, compréndelos, ámalos, y luego diles lo que has visto en ellos: lo bueno y lo malo, lo triste y lo alegre, el dolor y la esperanza... y te oirán. Pregúntales a dónde van, qué sueñan, qué esperan y qué temen. Porque además, es posible que algún día sea también ese tu camino, y tu sueño, y tu esperanza... y todo lo que tengas. Y verás que no es tan terrible. Pero no: tú estás aquí, vuelto sobre ti mismo. ¿A qué conduce esto? ¿eh?... ¿De qué vas a hablarles? ¿De ti y de mí? Nuestros problemas son nuestros, y a nadie le interesan. Te has encerrado en una idea y has dicho: "Fuera de esto no hay nada." Estás dentro de ti mismo y buscas ansiosamente la puerta mágica, como si solo existiera una. Asómate a la ventana: allí también hay hombres. En todas partes hay hombres y mujeres como nosotros, que esperan y sufren. No te creas el centro del universo y que tu problema es el único problema.

ANDRÉS.- Sé que no es el único, pero es el mío y por tanto lo más importante para mí.

LUISA.- Hay tantas formas de ser útil.

ANDRÉS.- Pero yo he elegido esta.

LUISA.- Y, ¿cómo sabes que no estás equivocado?

ANDRÉS.- ¿Qué quieres? No puedo ir saltando de un lado para otro. Me he trazado una ruta y he de ir por ella pese a quien pese. Contra ti, contra mí, contra mí mismo incluso si fuera necesario.

LUISA.- ¿Cómo puedes estar tan ciego? ¿Es que vas a destruirte solo por una cabezonada? ¿Qué quieres demostrar con ello? Y sobre todo, ¿a quién quieres demostrárselo? Nadie te mira. Estamos solos, tú y yo, aquí encerrados y todos nos ignoran. Acepta que te has equivocado y cambia de ruta. Aún estás a tiempo.

ANDRÉS.- ¿A tiempo de qué?

LUISA.- De rectificar.

ANDRÉS.- Pero ¿qué? Ni siquiera hay nada que rectificar, porque no hay nada hecho. Ni bueno ni malo, nada...

LUISA.- Es aquí *(Señala la frente.)* dónde debes hacer antes tu arreglo de cuentas. Dices: "Amo el mundo, pero éste no me comprende." Mentira, te amas a ti mismo y te revuelves porque los demás no se arrodillan ante ti. ¿Por qué iban a hacerlo? ¿Quién eres? No, no me hables de lo que quieres llegar a ser. Sino de lo que realmente eres, ahora, aquí. ¿Quieres que te lo diga? Nada. Apenas un proyecto inconcreto. Y es a esta promesa que pudiera no llegar a cumplirse a la que todos deben servir y alzar en hombros. Te revuelves porque el mundo no se paraliza y se quita el sombrero cuando pasas. Me parece que tienes una idea excesiva de ti mismo. Eres lo que eres, bien poco, y llegarás a ser algo grande, lo sé. Pero ni aún entonces tendrás derecho a reclamar tanta atención.

(ANDRÉS deja el cuadro a los pies de la cama. Se levanta, coge los apuntes. Va a la estantería en busca de un libro.)

ANDRÉS.- ¿Tampoco me merezco algo más que esto? ¿Es eso lo que quieres decir?

LUISA.- Naturalmente que no. Sino que no es por esta miseria concreta por lo que gesticulas y chillas, sino por esa idea de grandeza, que es tan injusto que exijas como es injusto esto que te dan.

ANDRÉS.- Sé que llegaré y entonces todo te parecerá natural. Dirás: "Me confundí, tú estabas en lo cierto."

Y ya está... habrás olvidado el daño que me haces...

LUISA.- No pases por ahí, espera que se seque.

ANDRÉS.- Busco en ti ayuda, impulso, comprensión... Y me hundes.

(ANDRÉS se tumba nuevamente en la cama, coge los apuntes y consulta el libro.)

LUISA.- No, lo que buscas en mí es que te siga el juego de las mentiras y de los sueños. Quieres acallar la duda que te roe. Por eso me das cita. Sabes que te quiero, que nada me importa nada, sino tú. Que seas feliz aunque estemos envueltos en sueños y mentiras. Pero ahora que he visto claro, que por primera vez sé, no voy a seguirte el juego. Aunque nos duela, aunque suframos. Lo hago por tu bien. Te he creído un ser superior solo porque en grupo eras brillante, irónico, y vengan datos y citas y nombres y todos los juegos artificiales de tu cultura. Pero lo que quieres no es hablar, sino dar algo de ti mismo -lo más importante- y no hay nada dentro aún, porque no aceptas la vida: la real, la tuya y la de los otros. Te limitas a contemplarlo todo, a quejarte de todo, a chillar.

ANDRÉS.- No estoy conforme con nada de lo que me rodea.

LUISA.- ¿Acaso hay algo que te rodea? No, estás lejano, lo contemplas a distancia. Sumérgete entre los demás, no en los otros como tú.

ANDRÉS.- A nadie le interesan las historias tristes. Están hartos de miseria.

LUISA.- Pues sube a los palacios. Allí también hay vida.

ANDRÉS.- ¿Vida?... *(Ríe.)*

LUISA.- ¿De qué te ríes? *(ANDRÉS ríe más.)*

ANDRÉS.- Pienso en tu madre.

LUISA.- Te ríes por que la juzgas a distancia. ¿Qué sabes de mi madre? "La mamá enjoyada." La ves ir y venir, rígida entre los candelabros, sonriendo a los invitados que rodean la gran mesa ovalada. Y la desprecias porque dice frases banales, y esa forma de estirar los labios para decirlas, y agitar las manos como si se tratara de algo importante.

ANDRÉS.- *(Parodiando.)* "Oh, querida; te digo que fue algo verdaderamente maravilloso..." *(Ríe.)*

LUISA.- ¿Eso es todo lo que sabes de ella? ¿Todo?

ANDRÉS.- Y el galán de turno que viene y se va.

LUISA.- Yo la he oído llorar muchas noches, sola, en su alcoba. Desde niña me ha perseguido ese llanto terrible al otro lado de la pared. Y no es nada espantable lo que la ocurre. Sencillamente está enamorada de su marido... y mi padre va de una a otra. Y ni siquiera lo hace por necesidad, sino por cansancio, por aburrimiento.

ANDRÉS.- *(Ríe.)* Tu padre... *(Ampuloso, cómico.)* "Mi venganza será terrible..."

LUISA.- No se opuso a nuestra boda porque no tuvieras dónde caerte muerto. ¡No! Es que él sabía que no me querías.

ANDRÉS.- Tú sabes que eso no es cierto.

LUISA.- Lo es.

ANDRÉS.- Yo te quiero.

LUISA.- Pero ¿qué lugar ocupo en tu mundo? ¿Eh? ¡Oh!... Soy la niña que se hizo bajar del pedestal, soy tu trofeo, tu refugio. Has construido un proyecto de lo que será tu vida y yo... ¿qué soy yo en él? ¿tu compañera? ¿tu primer oyente?, el único por ahora. Cuando haya más, ¿qué harás conmigo? Nos une una cierta ternura, el hijo que voy a darte, la cama, pero ¿qué más?

ANDRÉS.- Sabía que tarde o temprano me reprocharías el que no pudiera darte los lujos a los que estás acostumbrada.

LUISA.- No te inventes otra historia. Yo te quiero así, tal como eres. Me has traído a tu puerta, me haces entrar un rato, y me pones de nuevo en el pasillo, cada vez más, porque empiezo a ver claro. Soy la hormiga que lo ordena todo, pero ahora he entrado en un terreno peligroso. Quiero poner orden en tus ideas, y eso es más de lo que puedes soportar: "Muñeca, tú di papá y mamá, dame hijos, cierra los ojos, escúchame. Es todo lo que quiero de ti..." Pero yo ya no me conformo con eso, lo quiero todo, ¡todo!...

ANDRÉS.- *(Ríe. Extiende los brazos sobre la habitación.)* Pues cógelo: Es todo tuyo.

LUISA.- Te controlas, atisbas cada gesto, un imperceptible movimiento que pueda dar la clave. Tienes miedo de que pueda adivinarlo.

ANDRÉS.- ¿Qué?

LUISA.- Que ya no crees en nada de lo que dices. Hablar por hablar. Por la fuerza de la costumbre.

ANDRÉS.- Empezaremos de nuevo, pero juntos.

LUISA.- ¿Aquí?

ANDRÉS.- ¿Qué quieres? ¿Volver a tu palacio? y llevarme del brazo y presentarme a los amigos de tu padre y decir: "Aquí os lo traigo. He domesticado a la fiera. No era tan terrible, solo un niño abandonado. Le he dado dos palmadas y ha llorado en mi hombro. Ahí lo tenéis..." *(Vuelve de nuevo a los apuntes.)* Déjame estudiar tranquilo.

(LUISA, que ha terminado de fregar, coge el cubo de agua y entra en el retrete. Se oye caer el agua y el ruido del caldero al chocar contra las baldosas del suelo. Luego sale. Coge el periódico y extiende sus hojas aquí y allá para ir pisando sobre

ellas. Coge el esparto, la rodilla y el felpudo y los lleva al retrete. Se quita el delantal y se lava las manos en el fregadero.)

(Simultáneamente a toda esta acción, el diálogo continúa. Durante las frases de LUISA, ANDRÉS recita en voz baja, responde un instante y vuelve a recitar el tema cuyo texto puede ser cualquiera de los trozos anteriormente señalados.)

ANDRÉS.- *(Recita.)* La mujer y el marido que no tienen hijos del matrimonio solo pueden adquirir entre sí una décima, etc.

LUISA.- Se puede comenzar de nuevo. Eso es lo maravilloso. Acepta esto. Te sentirás liberado. Trabajarás con más rendimiento. Es esta tensión lo que te consume. Te paraliza el miedo a que algo falle porque crees que entonces ya no habrá lugar para ti. ¡Y lo hay! Lo habrá siempre. Un hombre es recuperable hasta el último minuto, e incluso después del último minuto.

ANDRÉS.- ¿Y cuál es mi último minuto? ¿Este? Tengo veinticuatro años. Crees que es el momento de abandonar los trastos y decir: "Ya es tarde". No. Sin embargo, sí lo es para decir: "Nada ha pasado. Volvamos a empezar de nuevo". Dime: ¿qué puedo empezar? ¿Eh...?

LUISA.- Te obstinas en no aceptar la ayuda que te ofrezco. Otros darían los dientes por estar como tú en situación de elegir.

ANDRÉS.- ¿Qué harías entonces con lo que queda de mí? ¿Llevarme de fiesta en fiesta?

LUISA.- ¿Qué tienes contra eso que llamas mi mundo?

ANDRÉS.- Tus hermanitos y sus inefables inútiles amigos.

LUISA.- ¿Es que tú sirves para algo? Dime, dime lo que has hecho.

ANDRÉS.- Me preparo. Mi hora llegará, tarde o temprano.

LUISA.- Eres un resentido. Te aferras a los libros y dices: "Esta es la gran palanca". Coges las cuartillas y piensas: "Esperad todos, contened la respiración. Voy a daros algo único que os maravillará." ¿Pero qué es eso único y maravilloso? Residuos de lecturas que a nadie interesan porque hablan de un mundo que no existe, que no es el nuestro.

ANDRÉS.- Son seres reales. Se mueven en un mundo real.

LUISA.- Pero sus espíritus son exóticos, lejanos. No hay en ellos un ápice de vida. Hilas el hilo de la última nota técnica. ¿Pero si no hay nada dentro? ¿A qué extrañarte si fracasas? Y luego la oposición. Es posible que estés preparado, pero ¿de qué sirve darse de cabeza contra las piedras? Si los demás buscan recomendaciones, búscalas tú también.

ANDRÉS.- ¿Cuántas veces me has dicho tu misma que no debo hacerlo?

LUISA.- Que poco me conoces: Te mentía.

ANDRÉS.- ¿Por qué?

LUISA.- Era lo que estabas deseando oír, por eso.

ANDRÉS.- ¿Y dices que me quieres? ¿Tú?

LUISA. Más que a nada en el mundo.

ANDRÉS.- Y ahora, ¿es esta la verdad?

LUISA.- Lo es.

ANDRÉS.- Y la de mañana, ¿la conoces? ¿La has ensayado ya?

LUISA.- No me importa lo que pueda ocurrir mañana.

(Se lleva la mano al vientre. Su voz cambia. Se ha hecho suave, intima, acariciadora.)

LUISA.- Sí, me importa, me importa mucho.

ANDRÉS.- Ya salió. Todo son problemas, desde que ese intruso se plantó en medio de los dos. Nos ha separado.

LUISA.- No. Yo al menos me siento más unida que nunca a ti y con lazos tan profundos, que es como si otra mujer hubiera nacido en mí.

(Enciende el gas y pone agua a calentar.)

ANDRÉS.- Evidentemente eres otra. Apenas te reconozco.

LUISA.- Todos cambian, se modifican, avanzan. Solo tú estás ahí, clavado, soñando. ¡Vive!...

(ANDRÉS hace un movimiento y tropieza con el cuadro lo coge, lo levanta, lo mira un instante y lo rompe contra la rodilla. Salta el cristal en pedazos. Arroja los trozos al cubo de la basura. Se mira la mano derecha en la que se ha hecho una pequeña cortadura. Se la lleva a los labios.)

LUISA.- ¿Te has cortado?

ANDRÉS.- No es nada.

(LUISA va hacia el armario.)

LUISA.- Voy a ponerte algo. Se puede infectar.

ANDRÉS.- Te he dicho que no es nada.

(Se envuelve el dedo en un pañuelo. LUISA va al armario, saca una toalla que deja sobre la mesa.)

ANDRÉS.- Ayer me presentaron a una periodista. Se interesó por mí, me habló de una entrevista. Muy mona, por cierto; creo que se abrirá camino.

(LUISA va a la cocina y comprueba si el agua está bastante caliente. Se quita las horquillas.)

LUISA.- ¿Por guapa solamente?

ANDRÉS.- Tiene talento. Sabe lo que quiere buscar.

LUISA.- ¿Y te ha encontrado a ti?

ANDRÉS.- Mujer, no es lo que te imaginas. Para una vez que alguien se interesa por mí, ya empiezas a pensar tonterías.

LUISA.- ¿En qué periódico la va a publicar?

ANDRÉS.- Creo que escribe para una agencia.

LUISA.- Pero eso es estupendo. ¿Te imaginas? Tu nombre y tu fotografía en todos los periódicos del país.

ANDRÉS.- En realidad, no concretamos nada.

LUISA.- Pues llámala.

ANDRÉS.- No le pedí el teléfono.

LUISA.- Al menos le darías el nuestro.

ANDRÉS.- Te estoy diciendo que apenas cruzamos cuatro palabras.

LUISA.- Entonces, ¿no hay forma de localizarla?

ANDRÉS.- ¿Qué quieres? ¿Que tenga la impresión que corro tras ella, que la necesito?

LUISA.- ¿Es que no es así?

ANDRÉS.- Pero no puedo ir por ahí dando la impresión que me ahogo. Es la mejor manera de que nadie te haga caso. Hay que aparentar que se pisa firme, hablar vagamente de progresos, soltar en la conversación nombres conocidos como si fueran amigos de siempre. Es el juego. Todos lo hacen.

(LUISA coge el puchero con el agua y cruza la habitación hacia el retrete.)

ANDRÉS.- ¿Qué vas a hacer?

LUISA.- Lavarme la cabeza. No quiero presentarme con estos pelos de loca.

ANDRÉS.- ¿Presentarte dónde?

LUISA.- Dejemos eso, ¿te parece?

(LUISA entra en el retrete.)

ANDRÉS.- ¿Crees que me llamarán hoy?

LUISA.- *(Dentro.)* No.

ANDRÉS.- ¿Qué sabes tú? Puede ocurrir en cualquier momento. Han leído el guion, les ha gustado y están esperando a que amanezca para llamarme. Ese productor está deseando ayudar a los jóvenes. Lo dice en todas las entrevistas...

LUISA.- *(Dentro.)* No quería decírtelo, pero...

ANDRÉS.- ¿El qué?

LUISA.- *(Sale.)* He estado en su casa.

ANDRÉS.- No habrás hecho ninguna tontería... ¿verdad?

LUISA.- Pero ¿qué estás pensando?

ANDRÉS.- Bueno, fuiste a su casa. ¿Y qué? ¿Te recibió?

LUISA.- Sí. ¿Por qué no iba a hacerlo?

ANDRÉS.- Apenas recibe a nadie. Bueno, a los que le convienen. Como todos.

LUISA.- Su mujer va a la misma peluquería que yo voy. *(Ríe.)* Las raras veces que voy ahora. La conocí mirando una foto de él en una revista. Dije: "Tiene talento". Ella estaba en el secador y sonrío. "Es mi marido", dijo. Me invitó a ir a su casa. ¿Sabes que tiene cuatro hijos? Y los quiere. Es bueno. Su mujer lo adora. Decías que es un monstruo y es posible que lo sea... Es el negocio, la lucha. Está endurecido, tiene una careta de hielo; pero allí, en su casa jugando con sus hijos -como le vi por primera vez-, no lo hubieras reconocido. Charlé con los niños, bromeamos, y cuando iba a salir, ella le dijo: "Sabes, su marido escribe..." Cambió, la fulminó con la mirada. Seguramente él tuvo que hacer algún día ese golpe bajo, la puerta de servicio, apoderarse de la intimidad de un poderoso y chuparla, estrujarla. Hizo salir a los niños. Me pidió el teléfono y me dijo que te llamaría si tenía algo. Luego salió. Yo me despedí en seguida. No te dije nada porque si lo conseguías no creyeras que había sido por mí. Como vi que no ocurría nada, la he llamado dos veces, pero siempre estaba ocupada. Y ayer me la encontré en la calle, y apenas me sonrío. Posiblemente hubiéramos sido amigas, en otro mundo, pero su marido la ha puesto en guardia. Cultivar un nombre importante es difícil; solo se puede hacer cuando se tiene su talla, cuando se pueden hacer favores unos a otros. Cuando se es desconocido temen que se les quiera sorprender, que se aprovechen de ellos. No te introducen en su círculo porque tú temes cómo les vas a caer, y ellos temen que seas solo un caradura, o, lo que es peor, que tengas talento y, más tarde o más temprano, llegues a desplazarles. *(Entra en el retrete.)*

ANDRÉS.- Nadie nos tiende una mano.

LUISA.- *(Dentro.)* ¿Crees que a ellos les ayudaron? No, nadie ayuda a nadie. Estamos solos. Ellos también. Y tienen miedo. Dudan también. Por eso se endurecen, se crispan. Es el miedo.

ANDRÉS.- Algún día llegaré y entonces te juro que me las pagarán.

(Se oye el ruido del agua.)

LUISA.- *(Dentro.)* ¿Qué te crees? ¿Un Dios? Preparas una oposición, eso es todo. Todas las profesiones tienen sus dificultades. Están los funcionarios, los comerciantes, los profesionales... ¿Crees tú que eres el único? También ellos tienen una mujer, hijos, y una vida difícil que es preciso recomenzar todos los días. Atravesamos una etapa dura para todos.

ANDRÉS.- *(Ríe.)* Menos para tu padre y los de su gremio, claro.

LUISA.- *(Dentro.)* Qué poco le conoces. Hay en él tanta *(Sale.)* ternura, tanto... ¿Sabes una cosa? Tú me lo recuerdas a veces. Tenéis el mismo aire de perritos abandonados.

ANDRÉS.- Lo que me faltaba por oír. Me parece que le estoy oyendo. "Muchacho, lo que te pasa es que no sabes lo que quieres..." ¡Vaya si lo sé! Exactamente lo contrario que él.

LUISA.- Pero ¿lo mereces ahora?

ANDRÉS.- Sí, ahora mismo. ¿Es que no estoy preparado? ¿A qué tanto esperar?

LUISA.- ¿Y a ellos? ¿Es que no les costó situarse? Tienen que mantenerse. Es difícil aceptar que el suelo se agriete, que la casa va a derrumbarse. Se agarran con uñas y dientes. Es humano.

ANDRÉS.- Estamos en el aire. Nos sobran ideas, pero nos falta vida. Apenas hemos comenzado a vivir. Tenemos de las cosas una visión parcial. Opinamos con cinismo porque eso nos da la sensación de que somos profundos. Somos lúcidos, incluso brillantes, pero la verdadera vida está hecha de pequeños actos sencillos, no de grandes gestos, ni de palabras altisonantes. Tienes toda la razón. Pero soy así y no puedo cambiar.

LUISA.- *(Se asoma.)* Pues sigue, ¡sigue! Quizá cuando despiertes, ya no haya remedio. Estás cavando tu propia fosa. Pero ¿y yo? ¿Eh?... *(Entra en el retrete.)*

(LUISA, desde dentro, canturrea.)

ANDRÉS.- *(Ríe.)* Por lo que veo... no soy yo solo el egoísta. *(LUISA canta más fuerte.)* Estoy solo.

(El canto de LUISA se rompe en un sollozo. ANDRÉS inicia un gesto hacia LUISA, pero va hacia la ventana. LUISA canta nuevamente.)

ANDRÉS.- ¿Qué quedará de todos nosotros? Podríamos ser el huracán que lo arrasara todo, que construyera un mundo nuevo... Pero quizá terminemos siendo solo un viento en tarde de agosto a la que seguirá una noche agobiante, la nuestra. Y vendrán otros y nosotros estaremos quemados, aferrándonos. En todo el mundo ocurre lo mismo. El molino mueve sus aspas en el vacío. No hay más que viento; palabras y viento. *(Va hacia la mesa y coge nuevamente los apuntes.)* Mi amado castillo de humo, ¿acaso eres tú la respuesta?

(Se oye la risa nerviosa de LUISA. Luego un silencio.)

ANDRÉS.- *(Recita.)* "Además de la décima puede adquirir un conyugue el usufructo de la tercera parte de los bienes del otro, e incluso la propiedad si han tenido hijos..."

LUISA.- *(Dentro.)* El tonillo...

ANDRÉS.- ¿Eh?...

LUISA.- Que quites ese tonillo *(Imitándole.)* "E incluso la propiedad si han tenido hijos..." Pareces un niño recitando la tabla de multiplicar. Hay que ir despacio, dando sentido a las palabras.

(Sale, envolviéndose la cabeza con una toalla.)

LUISA.- *(Recalcando las palabras.)* "E incluso la propiedad si han tenido hijos..." ¿Ves? Así es como hay que decirlo.

ANDRÉS.- "... Si han tenido hijos. Se agrega también una o dos décimas cuando se pierden post nominum diem, uno o dos hijos, hijos comunes. Además de la décima..." No. *(Rectifica.)* "Los conyugues son plenamente capaces cuando no tienen la edad a partir de la cual exige la ley que se tengan hijos."

(LUISA le mira. De pronto comienza a reír y aplaude frenéticamente.)

LUISA.- ¡Bravo!... ¡Bravo!... La plaza es tuya, mi vida.

(Se acerca, le besa y riendo vuelve hacia el armario. Baja la maleta y empieza a sacar ropa y objetos personales que va metiendo en ella.)

ANDRÉS.- ... Por lo demás, las normas que hemos señalado fueron luego rectificadas con fines fiscales hasta ser derogadas en el Derecho cristiano. La legislación Justiniana no conoce otro caso de incapacidad que...

LUISA.- Vamos déjalo y duérmete. Te repites, estás demasiado cansado.

ANDRÉS.- No puedo dejarlo.

LUISA.- Pues hazlo en voz baja. Me molesta oír constantemente ese sonsonete.

(LUISA sigue colocando ropa. ANDRÉS deja los apuntes. Coge un periódico que hay sobre la mesa, lo abre y lee.)

ANDRÉS.- ¿Sabes que hay guerra?

LUISA.- Desde que nací no he oído hablar de otra cosa.

ANDRÉS.- Un recuadro en segunda página.

LUISA.- Será una guerra pequeña. Para que sea noticia de primera plana tiene que pasar del millón de muertes. *(Le mira.)* Por cierto, ¿qué hay del puesto del que me hablaste en aquel periódico?

ANDRÉS.- *(Ríe.)* Esa es otra: Le llevé unos artículos al director. Por lo visto tengo un buen estilo, pero ideas avanzadas. Eso me dijo: "Muchacho, si un día cambia de opinión, la puerta está abierta. Serénese. ¡Ah!, esta juventud siempre tan apasionada..." Todas las puertas se abren si uno cambia de opinión.

LUISA.- ¿Entonces, por qué luchar contra la corriente?

ANDRÉS.- Yo no me vendo a ningún clan político. Demasiados lo hacen ya.

LUISA.- *(Declamando, irónica.)* "He aquí un hombre que prefiere tener la cabeza llena y el estómago vacío. Vengan señoras. Pasen. El hombre puro. El último de su especie. Un hombre que no se vende... *(Seca.)* ¿Acaso prefieres que sea yo quien tenga que hacerlo?

ANDRÉS.- No digas tonterías. ¿Te has vuelto loca?

LUISA.- *(Casi sollozando.)* De alegría. ¿No me ves? ¡De alegría!

(Sigue metiendo cosas en la maleta cada vez más nerviosamente.)

ANDRÉS.- *(Suspira. Sigue leyendo.)* Me pregunto si alguien sabrá el sentido de esta guerra y de estos muertos. Les ponen música de fondo y ellos se creen héroes. Podría pensarse que habrían hecho esto y aquello, que habrían llegado a la meta. *(Alza la voz.)* ¿Sabes lo que habrían hecho? Nada. *(Pasa varias hojas.)* Deportes, deportes, deportes. Escucha, esto va por nosotros: "¿Es usted joven? El éxito le espera. He aquí la forma de aumentar sus ingresos y ser feliz." "Aprenda radio por correspondencia." *(Ríe.)* "Se sabe que la conocida millonaria Wendy Miller ha hecho testamento a favor de su gato siamés favorito." *(Pasa otra página.)* "Éxito clamoroso: La historia de un joven rebelde a quien ningún vicio era ajeno. Extraordinaria interpretación. Usted se identificará con el personaje. Viva dos horas de emoción e intriga. La película que presenta al desnudo la juventud insustancial, alocada y violenta de la posguerra." ¿Qué posguerra? Estos no han leído la tercera página. *(Ríe.)* Insustanciales y alocados... ¡Imbéciles!...

(ANDRÉS arruga el periódico y lo arroja a la carbonera como una pelota.)

ANDRÉS.- *(Grita.)* ¡Aaaah!...

LUISA.- ¿Qué te ocurre? ¿Te has vuelto loco?

ANDRÉS.- *(Grita.)* ¡Aaaah!... *(La mira.)* Es el grito de la selva. Estamos en plena jungla y no lo sabía.

LUISA.- ¿A quién quieres ahuyentar? ¿A las panteras?

ANDRÉS.- Las llamo. Que vengan; que vengan y me devoren de una vez.

LUISA.- *(Ríe.)* ¿Otro más en busca del martirio? *(Ríe.)*

ANDRÉS.- Pandilla de hipócritas y cobardes. ¡Vendidos!... *(Escupe.)* Me da nauseas su olor a podrido. ¿Es que no va a haber una sola voz que se atreva a decirlo?

LUISA.- ¿El qué?

ANDRÉS.- Que no estamos conformes, que no queremos morir, que no queremos matar, que dejen de engañarnos de una vez. Que nos importan un bledo los odios antiguos, que solo queremos vivir, ser útiles.

(LUISA se vuelve hacia ANDRÉS mostrándole dos vestidos.)

LUISA.- ¿Cuál crees que debo llevar puesto? ¿Eh? El azul, ¿verdad? Sí, yo creo que va mejor. O no, mejor el rojo. Estoy tan pálida.

(Se pone el vestido rojo.)

ANDRÉS.- Viven solo para sí mismos. Nos empujan a ser egoístas a fuerza de negarnos el pan y la sal. Nos tratan como a niños. Y si levantas la voz, estás arreglado. No saben cuánto amor nos late dentro. Al fin y al cabo, somos sus hijos, ¿no? Es cierto que no nos sentimos solidarios. Pero ¿quién tiene la culpa? ¡Ellos! Todo se decide sin nosotros. ¿Quién nos ha preguntado algo alguna vez? Lo que queremos y cómo lo queremos. Todo se decide sin consultarnos. ¡Ja! Y todavía nos piden entusiasmo.

LUISA.- Por favor deja eso ya. De nada sirve dar vueltas a la noria si no hay agua en el pozo.

ANDRÉS.- ¿Nos quieren? ¿Tú crees que nos quieren algo? Saben siquiera que existimos, que estamos aquí esperando, que mañana va a ser todo nuestro y no vamos a saber que hacer porque nadie nos... ¡Oh! Están adormecidos sobre los viejos laureles. ¿De qué sirve aquello ahora? Para mí es como..., como si hubieran pasado siglos. Una fecha en los libros de historia. Van y vienen, hacen el amor, nos palmean la espalda, prometen, van al cine, al fútbol...

LUISA.- ¿Qué querías? ¿Que se quedaran encerrados en casa? O que vengan al pie de esta ventana y se pongan a aclamarte.

ANDRÉS.- ¿Qué va a ocurrir cuando cojamos las riendas en nuestras manos? Porque espero que tu padre no creerá que va a vivir eternamente. Y entonces ¿qué?, ¿eh?

LUISA.- De sobra sabes que te daría un puesto.

ANDRÉS.- ¿Qué habrán hecho de nosotros para entonces?

LUISA.- Con solo que se lo pidas.

ANDRÉS.- Es que no quiero que nadie me dé nada. Quiero ganarlo yo. Si acepto como un favor estaré siempre encadenado a él. No quiero ser una continuación de nada. Quiero ser yo. ¡Yo!...

(LUISA canta.)

ANDRÉS.- ¿Cuál es nuestro papel? ¿El de simples testigos?

LUISA.- Hay otro: El de muertos. Así que cállate.

ANDRÉS.- Si se pararan un instante y nos miraran nos verían alzar los brazos pidiéndoles un poco de piedad: Necesitamos tanto amar y ser amados, comprender y ser comprendidos, ayudar y ser ayudados...

(ANDRÉS la mira ir y venir, arreglándose.)

ANDRÉS.- Si piensas que me lo estoy creyendo.

LUISA.- ¿El qué?

ANDRÉS.- Toda esa comedia de meter la ropa en la maleta. ¿Qué quieres? ¿Asustarme? Pues estoy yo bueno como para sustos.

(LUISA coge su bolso y se lo arroja a la cara.)

LUISA.- Antes no miraste lo suficiente. Hay una sorpresa.

(ANDRÉS abre el bolso.)

ANDRÉS.- Nos prometen mucho, pero ¿dónde están las realidades?

LUISA.- Las cosas están cambiando, ¿no? Eso decías antes.

ANDRÉS.- Parece como si hubieran abierto la exclusa y nos precipitáramos a beber. Pero el agua sigue cayendo gota a gota -mejor dicho, un solo chorro- y hay que arrodillarse y beber a sorbitos.

(Saca del interior del bolso dos billetes de tren.)

ANDRÉS.- ¿Qué es esto?

LUISA.- Dos billetes, ¿no? Aún queda *(Mira el reloj.)* dos horas largas.

ANDRÉS.- ¿Por qué dos?

LUISA.- Porque tú vendrás conmigo.

ANDRÉS.- Sabes que no.

LUISA.- El tren sale a las seis. Falta aún más de dos horas. Es más que suficiente.

ANDRÉS.- Pareces muy segura.

LUISA.- En fin, si realmente estás decidido a quedarte...

(Saca del bolso unos billetes que deja sobre la mesa.)

LUISA.- Tendrás que acabar el mes con eso. Claro que siempre puedes poner unas letras y...

ANDRÉS.- No somos dos estudiantes que piden su giro al... Estamos casados. Somos responsables. Nuestra vida es nuestra, nuestras dificultades nuestras.

LUISA.- Baja de la luna, cuenta ese dinero, déjate de palabrerías y dime...

ANDRÉS.- Nos preparan para algo grande y luego tienes que agarrarte a...

LUISA.- ¿A qué? *(Agita las manos en el aire.)* ¿Al aire?

ANDRÉS.- No me importa que me hayan estafado. Solo quiero saber una cosa: ¿Por qué lo han hecho? ¿Por qué lo están haciendo?

LUISA.- ¿A quién se lo preguntas? ¿A mí?

ANDRÉS.- Todo esto es superficial. Algo a punto de estallar.

LUISA.- Cuidado, ¿eh? Procura no decir esas cosas en la calle. Puede costarnos caro.

ANDRÉS.- No se aprende a pensar para que luego no te dejen hacerlo. España, España. Es preciso quemarlo todo y empezar de nuevo.

LUISA.- ¿Empezar qué?

ANDRÉS.- Todo, desde el principio. ¡Quiero... luchar!

LUISA.- *(Con cansancio.)* Pues lucha.

ANDRÉS.- Pero ¿cómo? Y, ¿contra qué? Yo sé que está mal. Pero tampoco estoy seguro de que pudiera hacerlo mejor.

LUISA.- Entonces vuélvete a la cama y sigue durmiendo.

(ANDRÉS pasea de un lado a otro como un animal enjaulado.)

ANDRÉS.- ¡Dios mío! Me encuentro de pronto en el umbral de la vida con una maleta llena de libros y ningún camino a donde ir. Si te avienes a someterte a las reglas del juego, los padrinos y todo los demás, entonces es más sencillo. Te entregan un frigorífico y una televisión, te dan una palmada en el hombro y te dicen: "Es la vida, muchacho. Nosotros también fuimos jóvenes..." Pero ¿y los demás? ¿Y aún estos? ¿Es que es eso todo? Y sobre todo que yo quiero conseguirlo solo, ¡solo!

(Se para frente a LUISA que sigue preparando sus cosas.)

ANDRÉS.- ¿Hasta dónde vas a llevar la comedia? Tanto ir y venir y revoletear.

LUISA.- Escucha: Sabes de sobra que vas a venir conmigo, que antes de una hora habremos salido los dos por esa puerta. Finges. Haces como si todo esto no fuera contigo. Como si realmente pensaras en quedarte. Te preparas una nueva coartada para después decir: "Tú me arrastraste..." y todo lo demás. Pues bien, lo acepto. Acepto que te obligo. Ya estás libre de responsabilidad. ¿Era eso lo que querías? Pues empieza a vestirte.

ANDRÉS.- ¡No iré! ¡No iré!...

(Pero se quita el pijama. Va a ponerse el pantalón, pero lo deja y va en calzoncillos al armario, descuelga un traje, quita el pantalón de la percha y se lo pone. LUISA le mira un instante y sonríe imperceptiblemente.)

(En todos los gestos y las palabras de ANDRÉS advertimos ahora que hay -quizá la ha habido siempre- una duplicidad. Dice que no se va, pero se está vistiendo, se limpia los dientes, se afeita, se lava, se peina, etc. En realidad, ¿qué va a hacer? El mismo no lo sabe aún.)

LUISA.- Sabes de sobra que no te obligo a esto por gusto.

ANDRÉS.- ¡He dicho que no iré! ¡Y no iré!...

LUISA.- A mí también me hubiera gustado quedarme. Pero ya sabes la solución: busca un empleo.

ANDRÉS.- Necesito tiempo para estudiar.

LUISA.- Tira los libros por la ventana, y enfréntate con la vida de una vez. ¿Es que quieres ser siempre un estudiante?

ANDRÉS.- Todo puedo soportarlo, pero esto no. Que hayas perdido la fe en mí, no. ¿Qué ha sucedido?

LUISA.- La culpa es tuya.

ANDRÉS.- No hay que desesperar. Ya sé que todo está aún por suceder. Que hay un futuro maravilloso esperándonos en algún sitio.

LUISA.- ¡Basta! Deja de soñar proyectos para un futuro que no vendrá nunca. Nuestra vida está aquí y ahora. Se te va la vida en sueños.

ANDRÉS.- ¿Qué puedo hacer?

LUISA.- Te lo he dicho mil veces. Consíguete un trabajo. No esas clases que son como de paso, ¿hacia dónde? Tienes que meterte en la cabeza que somos esto y que siempre lo seremos en adelante.

ANDRÉS.- Pero he dedicado años y años al estudio y quiero vivir de esto.

LUISA.- ¿Cómo es posible que estés tan ciego? Nunca hubo un sitio para ti, y tú eras de los buenos y todos lo sabían. ¿Recuerda la última vez? Fuiste a ver al presidente del tribunal. Estabas seguro de tu ejercicio y no comprendías: te habían vuelto a rechazar. Y, ¿qué te contestó? "Que lo sentía. Que habías estado bien, pero no lo suficiente..." Luego supimos que las plazas estaban dadas de antemano. No es que él fuera malo, ni los demás. Tienen compromisos, se sienten obligados y ¡hay que vivir! ¿Que más da unos que otros? Después de todo, eres un hombre más; sobre el papel, una firma en la lista interminable. Se cierra los ojos, se pone una cruz y se acabó. ¿Sabes por qué no lo consigues? ¿Por qué no lo conseguirás nunca? No te falta talento, ni saber: lo que te falta es un enchufe. Si fueras hijo de ministro, otro gallo te cantaría. Estarías a salvo hasta de tu orgullo, porque no tendrías ni que pedir nada. Todo te lo darían hecho.

ANDRÉS.- Todo está podrido.

LUISA.- ¿Acaso es tan terrible? No son ángeles. Se necesitan unos a otros. Viven, eso es todo.

ANDRÉS.- ¿A dónde vamos a ir a parar?

LUISA.- Pero ¿es qué crees que en otros sitios es distinto? Y tú mismo en su lugar, ¿crees que obrarías de otro modo? ¿Qué haces ahí cruzando los brazos? Utiliza tus relaciones si no quieres servirte de las de mi padre. Sé egoísta. Todo el mundo lo es hoy. ¿Dónde están tus antiguos compañeros de colegio y de facultad? En algún sitio debe quedarte un amigo.

ANDRÉS.- Quizá... quizá hubiera sido, no sé, un buen mecánico. Ya no es posible. Estoy encerrado, acorralado en esta torre que se desmorona, y no es posible buscar otra salida.

LUISA.- Esa es tu misión. Y si no, ¿qué es un hombre? ¿Unos brazos fuertes y unas espaldas anchas y unas grandes manos para el amor? No. Es sobre todo una forma de orientar su vida y la de su mujer y la de sus hijos.

ANDRÉS.- Vivimos en la época de la prensa sensacionalista que hace creer gigantes a las bellotas, de los concursos que encubren estrellas de latón y purpurina, de los héroes del fútbol, de los monstruos sagrados del cine. Y no hay un puesto decoroso para los trabajadores de años y años.

LUISA.- Además, si has fracasado, ¿qué? Después de todo se trata de tu vida. Pero ¿ y yo? ¿Qué pinto yo aquí? Tu fracaso es tuyo y no puedes arrastrarme a él.

ANDRÉS.- Pero si antes decías que no te importaba el que...

LUISA.- Se dicen tantas cosas.

(Le mira con tristeza. Mueve la cabeza. Se ve claramente la lucha que se libra en su interior.)

LUISA.- ¿No te das cuenta? No siento lo que digo. Quisiera creerlo, endurecerme. Lucho. Digo las palabras para ver si... ¡No quiero hacerte daño! Pero es que quiero que me recuerdes así, reprochándote. Será menos duro.

ANDRÉS.- ¿Es que sigues pensando en marcharte?

LUISA.- Compréndelo, es lo mejor para ti.

ANDRÉS.- Te desconozco, Luisa.

LUISA.- Yo también a ti: Me casé con un hombre que... *(Hace un gesto en el aire como de vuelo.)* ¡Bueno! Y ahora resulta que me encuentro ligada a un saco de sueños inútiles.

ANDRÉS. No digas cosas que luego no podremos olvidar jamás.

(ANDRÉS se acerca a ella. Va a besarla, pero LUISA se aparta, más con el tono de voz que con las manos.)

LUISA.- ¡Quita!... ¡Me das lástima!

(ANDRÉS le da una bofetada. Se miran. ANDRÉS entra en el retrete. Se le oye lavarse.)

LUISA.- Nos destrozamos. Estamos aquí volviendo y volviendo sobre las mismas cosas, encerrados. Nos falta algo, todo. No tenemos fuerzas para luchar fuera. Nos vencen siempre. Por eso regresamos aquí a recomenzar la pelea. Nos tiramos palabras por el aire, nos retorcemos, nos exasperamos. Uno cae y otro se levanta. Y todo recomienza. Luego apagamos la luz y la lucha recomienza sobre la cama. Somos dos extraños que se aprietan buscando algo más allá de sí mismos, intentando encontrar una justificación a todo, pero solo queda ese sabor agridulce de color ceniza, blando y tibio, que nos desinfla, que nos agota. Pero a la mañana siguiente el juego recomienza una vez más. ¿Y así va a ser siempre? Te confieso que ya no puedo más. Abandono toda idea de lucha. Me estaré aquí callada y te veré entrar y salir. Diré las palabras convenientes, haré los gestos. Es todo lo que me queda. Soy una imitación de mí misma. Mientras pueda seguiré dándote la ilusión de que todo sigue igual, pero estoy vacía, no siento nada. Dices que estoy cansada, que simplemente hemos vivido demasiado tiempo en una tensión continua, pero que ahora todo cambiará... No, ahora va a comenzar realmente. ¿Me ves? Lo has conseguido. ¿Y bien? Me alegro, es cierto. Pero no acierto a decir hasta qué punto. He olvidado ciertos giros de lenguaje. Me he acostumbrado a llorar, a sufrir, a desesperarme. Es como una intoxicación. Tengo que devolver todo, antes de poder recomenzar nuevamente en el punto en que lo dejamos.

(ANDRÉS sale, *se acerca a ella, la coge por los hombros.)*

ANDRÉS.- Perdóname. Te prometo que no volverá a suceder nunca. Pero no te vayas.

LUISA.- ¿Qué esperas? ¿Un milagro? Los milagros hay que ir a buscarlos. No vienen a llamar a las puertas de las casas.

ANDRÉS.- ¿Qué ha sucedido?

LUISA.- Tanta historia de "no te vayas", "quédate". Pero mírate. ¿No ves que tú también te estás vistiendo?

ANDRÉS.- *(Explica sincero.)* Te acompaño a la estación.

(LUISA comprende que dice la verdad, que no se marcha. Le abraza.)

ANDRÉS.- ¿A qué viene eso ahora? ¿No es demasiado tarde?

LUISA.- Te quiero. Y ahora más que nunca. Ahora que te veo así, derrotado...

(Hay un movimiento en ANDRÉS. Se miran. LUISA baja la cabeza. Se aparta.)

LUISA.- Perdóname.

ANDRÉS.- ¿Qué hora es?

LUISA.- *(Mira el reloj.)* Aún faltan tres cuartos de hora largos.

ANDRÉS.- *(Una pausa.)* Yo leía revistas, hablaba de cine, de teatro, de música, de política, de deporte, de lo que sería mi vida en el futuro. Iba al gimnasio, al baile. A veces sonreía sin motivo y me iba por la calle con las manos en los bolsillos, silbando... ¿Por qué recuerdo todo esto ahora?

(LUISA se sienta a su lado.)

LUISA.- ¡Intentémoslo!

ANDRÉS.- ¿Qué?

LUISA.- Salvar algo de este incendio: Nuestro amor pequeñito, un poco triste. Pero, al menos, algo.[63]

ANDRÉS.- Te quiero.

LUISA.- Repítelo.

ANDRÉS.- Te quiero.

LUISA.- Otra vez.

ANDRÉS.- Te quiero.

LUISA.- Otra y otra y otra... ¡Lo necesito tanto!

ANDRÉS.- Yo también te necesito.

LUISA.- Mi error ha sido quererte demasiado. Sí, no necesitas a tu lado alguien que te quiera, sino alguien que te tape los oídos y te impulse sin preguntar nada, ayudándote a fabricar tus propias coartadas.

ANDRÉS.- Tengo... quisiera decirte tantas cosas...

LUISA.- Llega al fondo de ti mismo. No digas: "Quiero decir esto y lo otro, pero no me dejan." Di: "No quiero nada, no deseo nada; lo único que quiero es que me den de comer y me dejen en paz. Fui joven, tuve sueños, pero cada vez soy menos joven y me sigo aferrando a unos sueños en los que ni yo mismo creo. Son mi justificación. Ni siquiera tengo mucho talento. Solo el preciso para seguir engañando un ratito aún. Pero ¿hasta cuándo? El día que al peinarte veas la primera cana y la primera arruga, ¿qué? Serás ya un ex rebelde sin motivo y otro habrá venido a ocupar tu puesto. Hay una legión de muchachos como tú preparando ya su gran discurso de despedida. Todo está previsto. Primero, la escena de la inquietud, de la ambición, de los sueños; segundo acto del odio; y tercer acto ¿de qué? ¿Has pensado ya cual va a ser tu gran caída de telón? Escoge

[63] Nota del autor: *Esta escena debe decirse con sencillez sin gestos, sin afectismos de voz. El texto desnudo simplemente.*

rápido: puedes venderte, quizá haya aún alguien que le interese lo que queda de ti. O bien suicídate. Conseguirás al menos que tu nombre salga en los periódicos, claro que en segunda plana y en la crónica de sucesos junto a la vieja que atropelló una moto. O bien vente conmigo. Tendrás un trabajo que odias y una casa que odias porque crees que te limitan. Comprarás algún libro, cada vez menos, verás alguna película importándote cada vez menos el nombre de su director, pasarás los periódicos de la página de la política a la de deportes y en los ratos libres contarás en la tertulia a los amigos como se malogró tu vida por haber nacido en un país desdichado que ignora a la juventud porque la teme. *(Se acerca a él.)* Olvídate de todo esto, aún estás a tiempo.

ANDRÉS.- Estás loca. He esperado durante años un momento como éste y vienes y me dices que abandone precisamente ahora que estoy a punto de conseguirlo.

LUISA.- De conseguir, ¿qué?

ANDRÉS.- Todo.

LUISA.- Ni siquiera tú mismo crees ya en lo que dices. Juegas a creer que van a llamarte y que obtendrás la plaza, todo.

ANDRÉS.- Quizá algún día escriba una comedia contando todo esto.

LUISA.- ¿Crees que iba a interesar a alguien? la pequeña historia de dos muchachos que se quieren.

ANDRÉS.- ¿Estás segura de que me quieres aún?

LUISA.- Y tú, ¿lo estás?

ANDRÉS.- Sí.

LUISA.- ¿Ves? Tenemos dificultades, eso es todo. ¿Quién no las tiene? Nos queremos. Solo que tú te empeñas en seguir un camino que no lleva a ningún sitio y yo ahora ya no puedo. Sí, pero no solo por este hijo y los otros que vendrán sino sobre todo por ti. No te molestes en escribir nada sobre esta historia, ¿quién iba a comprenderla? No valemos nada. Es solo un vulgar tira y afloja. Ni siquiera hay algo grave que nos separe. Ni un mísero adulterio. Solo esto: Amor y un poco de cansancio.

ANDRÉS.- ¿Es eso? ¿Estás cansada de mí?

LUISA.- Eso no, nunca. Es *(Señala la habitación.)* todo esto: es mi pequeña historia, esta pequeña miseria, esta pequeña tristeza que brota sin querer y que nos hiere; los sueños que nos rodean pero que no se realizan... ¡todo!

(ANDRÉS vuelve de nuevo a recitar las palabras del tema. LUISA que ha abierto el cajón de la mesa en busca de algo, saca un montón de cuartillas escritas. Las mira un instante, luego las tira al aire. Un puñado, otro y otro.)

LUISA.- *(Riendo.)* Cuartillas, cientos de cuartillas, y toda la legislación del mundo encerrada en esas carpetas. ¿De aquí va a salir nuestro piso, nuestra lavadora, nuestro televisor, nuestro coche, tu esmoquin y mi abrigo de visón? ¿Todo? ¿Eh? ¿Aquí está todo? *(Glacial.)* Yo no quiero saber si todo esto será posible... Pero sí. Sí quiero saberlo. Dímelo: ¿Es posible? ¿Están aquí? Todo esto es real o es solo una pesadilla. Quizá sea esto último. Somos aún dos muchachos tendidos en la playa, bajo el sol, y nos despertaremos cogidos de la mano; y abriremos los ojos y veremos el cielo y el mar; y nuestros amigos nos llamarán a voces desde la terraza; y luego iremos a bailar. Y tú me dirás: "Te quiero. Con tu ayuda pondré el mundo a tus pies." Y yo te creeré. Me abrazaré a ti y te creeré. *(Solloza.)* ¡Quiero, quiero creerte!...

ANDRÉS.- Confía.

LUISA.- Daría todo, todo, por poder creerte.

(ANDRÉS está recogiendo las cuartillas del suelo.)

LUISA.- Ya no puedo más.

ANDRÉS.- ¿Qué ha ocurrido?

LUISA.- Que no somos dos muchachos que sueñan a la luz de la luna; eso ha ocurrido. Que estamos aquí encerrados, meses y meses, alimentando esperanzas que no llegan jamás. Que no soy ya una muchacha a la que se enlaza bajo los faroles de las ferias, a la que besas suavemente, a la que se aturde con palabras. Soy una mujer, y estoy esperando un hijo. ¿Y tú, qué? No vas a dejarme en el portal y luego salir con los amigos. Ya no hay amigos, ya no hay nada: solos tú y yo. Y este no es ya el decorado para las frases bonitas. Eres un hombre. No puedes ya decir: "seré", "proyecto", "quisiera"... No, ya no. Ahora debes decir "tengo", "estoy aquí", "esto es lo que soy". Acéptate. Esto es lo que ha ocurrido: que seguimos proyectando, soñando... pero no es posible. No estamos sobre las nubes. Esto es madera. Y eso una cama.

ANDRÉS.- No se trata de eso. Es que cada uno debe realizar aquello para lo que se siente llamado.

(ANDRÉS guarda las cuartillas en el cajón.)

LUISA.- Se te llena la boca de grandes palabras. Estás ahí, agazapado junto a un teléfono que no suena jamás, a la espera de una carta que nunca llega. Miras por la ventana, contemplas la ciudad, la nación, el mundo y dices: "Estoy aquí, esperando la llamada". ¿Quién va a llamarte? ¿Quién? ¿Quién eres? ¿Qué puedes ofrecer? ¿Qué vendes? ¿Sueños? Palabras y sueños: es toda tu mercancía. Pero sueños de fracasado... ¿quién va a querer oírlos? ¿eh? Bastante tienen con sus problemas. Cada uno tiene los suyos y les sobran. ¿Y palabras, quién las necesita? El mundo está lleno de palabras... ¿Por qué me miras así?

ANDRÉS.- Cállate.

LUISA.- Sé que está estás pensando: "Me odia". Y es precisamente porque te quiero por lo que te hablo así. Te quiero, y me duele verte colgado, flotando. Baja de las nubes. El mundo es esto, y nadie nos ha pedido que intentemos cambiarlo. Acéptalo, enrólate... ¡Vive!

ANDRÉS.- Es mi camino.

LUISA.- He aquí la historia de un gusano que soñó que era águila y despertó creyéndose con alas. Es esto. Yo te quiero así. Deja que vuelen los que puedan hacerlo. Te consumes en un empeño inútil.

ANDRÉS.- Tú antes creías que...

LUISA.- De muchacha se sueña; es su tiempo y su oficio. Pero luego hay que clavar los pies en el suelo y arrear con lo que sea.

ANDRÉS.- He tomado una decisión.

LUISA.- ¿Vendrás conmigo? ¿eh? Juntos, los dos. Aún estamos a tiempo.

ANDRÉS.- No, eso nunca. Pero todo esto: *(Señala los libros y las cuartillas)* se acabó. Buscaré un empleo.

(LUISA se abraza a él y le besa.)

LUISA.- Oh, eres maravilloso...

ANDRÉS.- De veras: Yo creía que la vida era una escalera que era preciso subir y subir siempre. Una interminable escalera de proyectos realizados, de dificultades vencidas, con la mirada puesta siempre un tramo más arriba. Ahora comprendo que se puede quedar en un recodo cualquiera y ser feliz.

LUISA.- Andrés...

ANDRÉS.- Me cuesta resignarme.

LUISA.- No, no, no...

ANDRÉS.- Aceptar que toda esta mediocridad...

LUISA.- No lo aceptes, no lo aceptes nunca.

ANDRÉS.- ... sea toda mi vida para siempre.

(ANDRÉS coge los temas y las cuartillas, hace con ellos una pelota, va a la cocina y los mete en el hornillo.)

LUISA.- ¿Qué haces?

ANDRÉS.- El café del desayuno tendrá un extraño sabor esta mañana.

LUISA.- No lo hagas.

ANDRÉS.- No me retengas. ¿No ves que no deseo otra cosa? ¡Déjame!...

LUISA.- ¿Podrás perdonarme alguna vez?

ANDRÉS.- He sido yo quien ha tomado la decisión.

LUISA.- ¿Qué me ocurre? ¿Cómo he podido obligarte a eso?

ANDRÉS.- ¿Y ahora te quedarás conmigo?

LUISA.- Sí.

ANDRÉS.- El ayer que fui, y el mañana que ya no seré jamás...

(De una carpeta de detrás del armario saca unos papeles y un gran diploma que desdobla y contempla.)

ANDRÉS.- Ahora, ¡a olvidar!...

LUISA.- ¿Lo conseguirás?

ANDRÉS.- ¡Ayúdame!... *(La abraza.)* Trae las cerillas.

(LUISA va por ellas. Se las da.)

ANDRÉS.- En cuanto amanezca saldré a la calle en busca de un empleo. Cualquier cosa, me es igual: una fábrica, una gasolinera, ¡lo que sea!

(Enciende una cerilla y prende fuego a los papeles.)

ANDRÉS.- Certificados, diplomas. La historia de mi vida.

(Aparta algunos documentos.)

ANDRÉS.- No, el carné de conducir puede servirme. Guárdalo.

(ANDRÉS mira las llamas que se elevan.)

ANDRÉS.- Mi precioso, mi inútil, mi soñado diploma.

(LUISA ha cogido el periódico y busca entre sus páginas.)

LUISA.- Vamos a mirar aquí. Suelen venir ofertas interesantes.

(ANDRÉS coge una botella de sidra achampanada y dos vasos.)

LUISA.- Aquí está: "Sección de demandas. Empleos". *(Lee.)* "Se necesita..."

(ANDRÉS le arranca el periódico, le da los vasos y descorcha la botella.)

ANDRÉS.- ¿Qué importa eso ahora? Aún no quiero saber lo que seré mañana. Vamos a celebrarlo.

(LUISA se quita la cinta con que se había sujetado el pelo y sacude la cabeza. Es como si dijera: "Bueno, al fin todo se ha solucionado y me quedo."*)*

ANDRÉS.- La había guardado para celebrar...

(LUISA mira hacia el teléfono. ANDRÉS sorprende su mirada.)

ANDRÉS.- No. Ya no espero ninguna llamada.

(Sigue descorchando con esfuerzo.)

ANDRÉS.- Quiero un poco de música. Ayuda mucho en los grandes momentos.

(LUISA corre hacia la radio; la conecta. ANDRÉS se pone de rodillas en la cama.)

ANDRÉS.- Ven.

(LUISA se arrodilla junto a él con los dos vasos a punto. Descorcha ANDRÉS. Sirve los dos vasos.)

ANDRÉS.- Como en la noche de nuestra boda, ¿recuerdas? Dije: "Por nuestro maravilloso futuro..." Vamos, repite conmigo...

(Elevan las copas, empieza a oírse la música.)

ANDRÉS.- Por nuestro...

LUISA.- Por nuestro...

ANDRÉS.- Maravilloso.

LUISA.- Presente.

(Beben. ANDRÉS sirve de nuevo.)

ANDRÉS.- ¿Otra copa?

(ANDRÉS se pone en pie sobre la cama, extiende los brazos en cruz. LUISA le mira inquieta.)

ANDRÉS.- *(Declamando a voces.)* Ya está, queda abierta la subasta: Joven abogado, veinticuatro años, complexión robusta. *(A un imaginario comprador.)* Toque, toque sin miedo, señor. Dientes sanos. *(Los enseña.)* Todos míos, sí señor, ni una muela cariada. Habla francés: *(A su imaginario interlocutor.)* ¿Est-ce que vous ne croyez pas que je parle français, monsieur? ¿O prefiere que hablemos en inglés? *(En inglés.)* Do you prefer to speak English, perhaps? Sí, ya sé que mi acento es detestable. Pero puedo hacer de todo, *(Solícito, servil.)* señor. Desde maitre de hotel a mozo de estación. *(Grita cada vez más.)* ¡Queda abierta la puja en quinientas pesetas al mes! ¿Quién da más? ¿Eh? *(Como buscando en el auditorio.)* ¿Mil? ¿He oído bien? ¿Diez mil...? ¿Más? *(Su voz es ya un grito.)* ¿Quién da más? *(Se vuelve lentamente hacia LUISA.)* ¿Y si nadie ofrece nada? *(Bebe de un trago.)*

LUISA.- Cállate, por favor.

ANDRÉS.- ¡Otra copa!...

(LUISA le sirve.)

LUISA.- ¿Es que quieres emborracharte?

ANDRÉS.- Sí. Quiero emborracharme. *(Bebe.)* Y cantar. ¡Vamos, sírveme otra! Y otras más... ¡Más!

(LUISA le sirve.)

ANDRÉS.- ¿Cómo es esa canción imbécil que se canta en todas las películas americanas cuando el bello galán y su rubia desposada parten en el enorme descapotable blanco, arrastrando por la cola los botes? Ah, sí... *(Canta.)* "Es un muchacho excelente..." ¡Vamos, canta conmigo! Es nuestro segundo viaje de bodas... Partimos nuevamente hacia un ignorado futuro. *(Canta.)* "Es un muchacho excelente..." Tú también... ¡canta!

(Los dos, cantando.)

LUISA.- "Es un muchacho..."

ANDRÉS.- "... excelente..."

LOS DOS.- "Es un muchacho excelente..."

ANDRÉS.- "Es..."

LUISA.- "... un muchacho..."

ANDRÉS.- "... excelente..."

(LUISA calla. Llora en silencio.)

ANDRÉS.- Nunca me acuerdo del final. *(Bebe.)*

(Se miran en silencio.)

ANDRÉS.- No quiero abandonar. ¡No quiero!

LUISA.- Ten confianza.

ANDRÉS.- Otra vez de puerta en puerta.

LUISA.- Todo se solucionará.

ANDRÉS.- Pero si es que... si es que no sirvo para nada...

LUISA.- Ten confianza.

(LUISA le quita la copa. Le ayuda a desnudarse y le tapa como a un niño.)

ANDRÉS.- Duerme, estás agotado.

ANDRÉS.- Adiós...

LUISA.- ¿Qué dices?

ANDRÉS.- Me estoy despidiendo de mis sueños.

LUISA.- Duerme.

(ANDRÉS duerme. Le arropa cuidadosamente metiendo bajo las sábanas su brazo que había quedado fuera. Luego se levanta, apaga la radio, termina de colocar algo en la maleta, la cierra y la deja junto a la puerta. Luego saca del armario un abrigo que deja en el respaldo de la silla. Coge los billetes, los mete en la cartera y la deja también sobre la silla. Mira el reloj, luego el despertador de la mesilla. Se sienta en la cama. Pone en hora el despertador, le da cuerda y lo vuelve a poner sobre la mesilla. Luego se tiende vestida al lado de ANDRÉS, encima de la colcha. Lanza un largo suspiro, estira el brazo, coge la pera del interruptor eléctrico y apaga la luz. Una pausa. Por la ventana entra la luz fría, azulada de la mañana. De pronto suena un timbre. ANDRÉS se despierta sobresaltado y vemos su sombra correr hacia el teléfono. Al pasar tira la silla. Se oye el clic del teléfono al ser descolgado y la voz de ANDRÉS que dice en la penumbra.)

ANDRÉS.- ¿Diga...?

(Se oye la carcajada de LUISA, metálica, hiriente. Se enciende la luz. LUISA tiene la mano en el interruptor. Señala riendo el despertador. Pulsa el botón y el timbre deja de sonar. LUISA sigue riendo. ANDRÉS cuelga avergonzado.)

ANDRÉS.- *(Con los puños crispados.)* Pero ¡llamará!... ¡llamará!...

(LUISA sigue riendo incontenIblemente.)

ANDRÉS.- Estoy seguro. Tengo el presentimiento de que va a ser hoy. *(Se acerca a LUISA.)* Dame un solo día de plazo... ¡un solo día! Va a sonar, lo sé, y entonces todo será distinto. Se habrán acabado las dificultades. *(Entusiasmado.)* Aunque paguen poco esta vez... es el comienzo. Empezaré a introducirme, a relacionarme. Se necesitan jóvenes. Hay una gran demanda de jóvenes. Lo difícil es introducirse, y eso ya está prácticamente hecho. La película será un éxito, y esta vez ganaré la oposición. Y luego solo tendremos que sentarnos ahí y esperar las llamadas. Esta vez sí. El teléfono sonará continuamente. Yo iré de acá para allá. Los productores me llamarán de tú, e iremos de fiesta en fiesta y de cóctel en cóctel, como gente importante. Tú podrás comprarte vestidos, zapatos, bolsos, todo lo que quieras. Nos instalaremos en un gran piso, con todas las comodidades. Todo lo que tanto tiempo hemos deseado... Estaba ahí, en la puerta, esperando. No había más que entreabrirla y, ¿ves? Todo se ha llenado de una luz nueva.

LUISA.- *(Irónica.)* Entonces, ¿crees que esta vez, sí?

ANDRÉS.- Claro que sí.

(LUISA está a punto de estallar nuevamente.)

LUISA.- ¿Cuánto vas a pedir?

ANDRÉS.- Oh, no voy a hablar del precio desde el principio. Comprenderás que no es de buen gusto decir así, de pronto: "Bueno y ¿cuánto van ustedes a pagarme?"

(LUISA se levanta, ANDRÉS la sigue ansiosamente.)

ANDRÉS.- ¿Qué dices? ¿eh...?

(LUISA mira fríamente su reloj.)

LUISA.- Apenas me quedan veinte minutos.

(Se pone el abrigo.)

ANDRÉS.- ¿Es tu última palabra?

LUISA.- Te disculparé lo mejor que pueda.

ANDRÉS.- Por favor...

LUISA.- ¿Quieres algo para tus padres?

ANDRÉS.- No... no te vayas.

LUISA.- Si no lo haces ahora, nunca podrás ya. Mi padre no te lo perdonará jamás. Ni nadie. Yo tampoco.

(Coge el bolso y la maleta. Va a salir. ANDRÉS se pone delante de la puerta.)

ANDRÉS.- ¿Qué quieres? Que después de tanto esfuerzo, de tanto sacrificio, me presente delante de mi padre y le diga: "Durante años y años te has privado de todo para darme una carrera y ahora todo lo que tengo es una mujer rica. Me he quemado los ojos en cientos de pensiones, me he cultivado, he atesorado todo cuanto he podido para llegar al mismo punto que mis antiguos amigos del barrio con solo ir al gimnasio. En mi cabeza tantas ideas y proyectos... de los que hablábamos en vacaciones, ¿recuerdas? Nada. Todo eso murió. Toda mi fuerza, todo lo que soy, lo que valgo está... ¿Sabes dónde está? Sí, sí. ¡Cómo nos equivocamos! Mi porvenir no estaba en la cabeza, sino en los riñones. En esto he llegado a parar. Así es como tu hijo se gana la vida ahora. Claro que todo muy digno, muy legal. Es solo con mi mujer con la que tengo que acostarme. Es un trabajo agradable. Y fíjate ni siquiera tengo que salir de la alcoba."

LUISA.- Tendrías un trabajo.

ANDRÉS.- ¿Ya te ha dicho cuál?...

LUISA.- Un puesto en el banco.

ANDRÉS.- ... No lo sabía. Tenía ganadas mis oposiciones y no lo sabía. Solo que las estaba preparando aquí

(Golpea la mesa.) y las ganaba sin darme cuenta aquí.

(Va a la cama, la abre completamente, coge las sábanas entre las manos y las trae al centro de la escena, ante LUISA.)

ANDRÉS.- Mira: Sábanas limpias, sin letras, sin artículos del Código, sin esperas angustiosas. Tú eras mi tribunal, y está bien a la vista que he sabido dar la medida de mí mismo.

LUISA.- ¿Por qué te torturas así?

(ANDRÉS abre el armario, saca una maleta y va metiendo en ella su ropa. Entra en el retrete y trae las cosas de afeitar. Mete los libros que hay sobre la mesilla. Descuelga los trajes y los mete también. Habla rápidamente y sus manos tienen una velocidad de frenesí. LUISA le ayuda sonriendo. Ha triunfado.)

ANDRÉS.- Pienso en mí, en un muchacho que conocí todo lleno de fuerza y de alegría y de esperanza. Pienso en sus esfuerzos, en los apuntes tomados al vuelo, en tanto ir y venir por los pasillos de la facultad, en los corrillos, en los artículos encendidos y brillantes para la revista del cine, en las noches en vela, preparando exámenes, en la tensión febril de la espera. Y así un año y otro. En la tienda del campamento, los quince allí cogidos por el hombro, cantando, esperando, soñando. ¿Qué habrá sido de los otros? ¿Y de todos los demás? ¿Dónde habrán ganado ellos su oposición? ¿Crees que alguno al menos habrá quedado limpio? ¡Ojalá! Ese nos justificaría a todos los demás.

LUISA.- Soy tu mujer: Te quiero.

ANDRÉS.- Evidentemente. ¿Ves? He ganado la única oposición para la que jamás pensé en prepararme.

LUISA.- Te necesito.

ANDRÉS.- Qué perfecto, ¿verdad? Y ya ves nadie tuvo que enseñarme ese oficio.

LUISA.- ¡Andrés!...

ANDRÉS.- Ni siquiera se me ocurrió pensar jamás que ser hombre fuera una profesión, la más cotizada. ¡Qué error!... Porque, ¿cuánto dinero puede tener tu padre? ¿Cuánto? Por mucho que sea, me habéis estafado. ¿No comprendes? Pude haber ganado más, mucho más. Contigo he opositado a director de banco, pero pude, pude subir más alto.

LUISA.- Todo eso pasará. Volveremos a la escalera de...

ANDRÉS.- ¿De mármol? De oro, la quiero de oro. Empiezo a valorarme.

LUISA.- Y todo será maravilloso...

ANDRÉS.- Pero si es estupendo. No tendré que sacar a pasear el perro, ni puertas de servicio, ni gorra de chófer. Sentado en el salón azul, acariciando las cabezas de mis hijos, recibiendo a los delegados y a los consejeros, apretando botones en la gran mesa de despacho, conduciendo mi propio automóvil y bañándome en mi propia piscina. Porque tenemos que construir una piscina. La quiero en forma de riñón.

(Ha cerrado la maleta. LUISA le espera con el abrigo en las manos. ANDRÉS se acerca. Va a meter un brazo. La mira. Se aparta. Mira la habitación. Avanza unos pasos desconcertado y se arroja sobre la cama, sollozando. LUISA deja el abrigo en el respaldo de la silla y va hacia él.)

LUISA.- Vamos no seas niño; apenas nos quedan diez minutos. Hay que coger un taxi enseguida.

(ANDRÉS se vuelve con el rostro en lágrimas.)

LUISA.- ¿Qué pasa ahora?

ANDRÉS.- *(Gritando.)* ¡No claudicaré!... ¿Me oyes? ¡No claudicaré!...

(Se levanta, va al hornillo de la cocina y saca las cuartillas y los temas, los pone sobre la mesa, los estira. Mete las cuartillas en el cajón. Ojea los apuntes y empieza a recitar. Pone agua en el gas para el café. Luego abre su maleta y va sacando todas sus cosas, poniéndolas nuevamente en su sitio. LUISA se ha sentado en la cama, abatida. Mira el reloj, consulta el despertador. Quisiera detener el tiempo. Si aún faltara una hora sabe que podría convencerle de nuevo. Pero el tiempo pasa y su angustia se acrecienta. Durante todo este movimiento, el diálogo naturalmente ha continuado. En los gestos de ANDRÉS debe percibirse una falsa decisión. De pronto se detiene, como si dudara; mira a LUISA, LUISA le mira, y él vuelve a deshacer la maleta, con gestos cada vez más nerviosos. El espectador no debe saber en qué va a acabar aún: -si se irá o no, si ella se irá o se quedará-, porque es que ellos mismos no lo saben. Debe verse claramente que hay una acción subterránea más allá de las palabras y mucho más importantes que éstas. Las palabras son solo un pretexto para ahogar el silencio. La verdadera acción no está en ellas. Cuanto más afirman, la expresión debe dar más intensamente la sensación de duda. Saben que su vida se está decidiendo. Que apenas les quedan cinco minutos, quisieran alargar el tiempo indefinidamente, pero saben que esto no es posible. Por eso, van y vienen y se aturden con pequeños gestos inútiles. Este es el momento clave de la comedia. Están apresados, y el espectador con ellos. Es preciso que esta tensión aparezca bien claramente marcada. Ahora sabemos que LUISA "realmente" hacía comedia. No sabe si va a marcharse o no. Lo mismo ANDRÉS. Pero ninguno de ellos sabe que el otro duda y por eso se quieren dejar arrastrar mutuamente.)

ANDRÉS.- Lo que me ocurre es que no estoy aún suficientemente preparado.

LUISA.- Nadie lo está. Es cuestión de suerte. Lo sabes tan bien como yo.

ANDRÉS.- No quiero tener suerte. Quiero valer.

LUISA.- ¿Qué quieres? ¿Que la ruleta se ponga en movimiento y mirar la bolita que salta y se desliza, a ver si al fin cae sobre el número que lleva tu nombre? ¿Sabes siquiera si hay algún número a tu nombre?

ANDRÉS.- Voy a hacer café. ¿Dónde están las simpatinas? *(Busca en el cajón de la mesilla.)* No sé dónde las he puesto.

LUISA.- *(Casi llorando.)* Y claro, esta vez sí. "Esta vez no fallaré..." "Estoy bien preparado" ¿Es eso lo que estás pensando? ¿Cuántas veces aún? Renuncia a tiempo o tus hijos estarán ya moceando y tú aún clavado en esa silla, con los codos temblando sobre la mesa, murmurando datos y nombres y cifras y fechas que a nadie interesan y que no han de servirte de nada, jamás.

(Es ahora cuando se sienta en la cama, abatida, las manos sobre los muslos, mirando un punto inconcreto.)

LUISA.- Al fin he logrado comprender qué es lo que te ocurre. Vivimos en dos mundos distintos. No me refiero a ti y a mí, sino a ti y a mí junto con todos los demás. De un lado -no importa si arriba o abajo- estoy yo y todos, y del otro, tú. No es tampoco que pertenezcas a otra época; es simplemente que no perteneces a ninguna. Vagas, aleteas, te sumerges en no sé qué agua luminosa, y buscas en ella seres a tu medida, que vean lo que tú, que piensen como tú. ¡Y no existen! Al menos no están aquí. Jamás he podido verlos. No sabes dónde estás, ni qué quieres. Y no digas que es el mal de la época. Cada uno de los que conozco tiene una meta y avanza por ella. Tú quieres tenerlas todas, que es lo mismo que no tener ninguna. Y al final vas a encontrarte con que no has hecho nada. Y no porque nadie te lo haya impedido, sino porque en realidad no es hacer algo lo que buscas, sino precisamente no hacer nada: estar siempre disponible, quejumbrosamente a punto para todo, sin saltar jamás a ningún sitio, cimbreándote en lo alto de la cuerda, oscilando, bien agarrado a la pértiga de tus ideas, balanceándote, no queriendo avanzar pero tampoco retroceder. Esperas el salto, la pirueta en el vacío, estrellarte en algún punto lejano, inconcreto, y luego el remolino de la gente a tu alrededor, solícitos, pesarosos de no haberte hecho caso; mientras tú, allí, con los ojos en blanco, te desangras sin una palabra de reproche. "¡Oh, el mártir! La joven promesa que todos ahogamos." Eso es lo que esperas oír. Los lamentos y las llamadas. Pero entonces cuando ya no puedas gritar tu gran mensaje... Porque si te lo pidieran ahora, sería terrible, ¿verdad? Te encontrarías tan terriblemente ridículo con tantos rostros rodeándote, la sala llena de altavoces, y tú, frente al micrófono, sin tener nada que decir...

ANDRÉS.- Voy a prepararme como nadie lo haya estado hasta hoy.

(LUISA se levanta coge la guía telefónica y la abre en abanico ante él.)

LUISA.- Mira: hay miles y miles de números en esta guía. Aunque llamaras a todos, ¿qué conseguirías?

(La deja de golpe sobre la mesa.)

ANDRÉS.- Cuando esté a punto, seré yo quien coja el teléfono y todos acudirán a mi llamada.

LUISA.- ¡Mientes! Esperas aún que suene. Correrás como otras veces. Te abalanzarás porque te dicen lo que deseas oír: las promesas, los proyectos. Estáis todos unidos, codo contra codo, llamándoos, animándoos. Quieres irte, pero no te atreves. Porque uno de ellos podría llamar, y otra voz le diría que ya no estás aquí, que te has vuelto a tu casa porque tu mujer y tu hijo te necesitan. Temes su ironía, su olvido. Todos bien juntos, devorando estanques de café, apiñados, atisbando al que llega y al que va, esperando la gran llamada que no llega nunca, alimentando la esperanza porque alguno salte y lo consiga, arrastrándoos tras su faldón, que él se sacude porque ya está del otro lado, y lo mejor es olvidar. Pero hay muy poco sitio en el piso de arriba, y vuestra marea sube y os ahoga...

(ANDRÉS va y viene repitiendo frases del tema.)

ANDRÉS.- Estoy estudiando.

LUISA.- ¿Para qué? ¿para quién?

ANDRÉS.- Alguna finalidad tendrá todo esto. En algún lugar alguien sabrá su sentido.

LUISA.- Pero, ¿dónde? Escucha: Si el mundo está podrido y a punto de reventar ¿qué importa que tú y yo nos pudramos aquí por querer jugar limpio? ¿Crees que alguien va a venir a darte una medalla? Nos pudriremos en este rincón a solas con nuestra honradez. ¿No comprendes? Todos hacen lo mismo. ¡Viven!...

(ANDRÉS se para frente a ella.)

ANDRÉS.- ¿Es que no lo comprendes? Estoy deseando irme contigo. Te quiero, quiero a mi hijo, deseo esa vida fácil que me ofreces. Lo deseo con todas mis fuerzas. Pero no debo hacerlo. Tengo aquí una misión que cumplir. Debo ser yo mismo, vencedor o fracasado, poco importa. ¡Yo!... ¡Yo!...

LUISA.- ¿Y dices que me quieres? Solo te quieres a ti mismo. Lo sacrificas todo a tu egoísmo.

ANDRÉS.- Es mi deber. Si todos hicieran igual, si todos abandonaran, ¿qué iba a ocurrir?

LUISA.- Deja que otro lo haga por ti.

ANDRÉS.- Yo soy ese otro.

(ANDRÉS estudia el tema. LUISA se acerca a la ventana.)

ANDRÉS.- ¡Déjame estudiar!...

LUISA.- Noches y noches mirando a las estrellas desde esta ventana.

ANDRÉS.- Está amaneciendo.

LUISA.- Pero sabemos que ellas están detrás.

ANDRÉS.- No me importa lo que haya detrás de las cosas, sino ellas mismas.

LUISA.- ¿Crees que nunca podremos ser felices?

ANDRÉS.- No estamos aquí para serlo.

LUISA.- ¿Para qué entonces?

ANDRÉS.- Para estar, simplemente.

LUISA.- Pero ¿cuánto puede durar esto?

ANDRÉS.- Hasta que todo reviente.

LUISA.- No quiero oírte hablar así.

ANDRÉS.- ¡Vete de una vez y déjame estudiar!... He perdido ya demasiado tiempo.

LUISA.- Pero ¿y después? ¿qué ocurrirá después?

ANDRÉS.- No quiero hablar de mañana. Estoy aquí, cumplo mi deber; es todo lo que me importa por ahora.

LUISA.- Te engañas una vez más: El deber y todo lo demás... Te sigues ocultando detrás de las grandes palabras. No; simplemente esperas la llamada. Revuelves los libros, pero ni siquiera lees. Esperas. Va a sonar el teléfono, eso es lo importante. Oirás la mentira de esta mañana y te sentarás. ¿A trabajar? ¿A prepararte? ¡No!: a esperar que ese timbre suene una vez y otra vez. Eso es todo lo que queda de ti.

(ANDRÉS está sentado con los codos sobre la mesa, se tapa los oídos. Sus labios se mueven

mecánicamente, susurrando palabras y palabras. De pronto golpea la mesa con los puños. Grita.)

ANDRÉS.- ¡No puedo concentrarme!

LUISA.- Hemos soñado tantas cosas...

ANDRÉS.- De eso hace mucho tiempo. *(Se aprieta las sienes.)* A veces tengo miedo de las ideas que se me cruzan por la cabeza.

LUISA.- ¿Qué ideas?

ANDRÉS.- Por primera vez comprendo porque algunos llegan a...

LUISA.- ¿A qué?

(LUISA le mira horrorizada. Es evidente que cree en la posibilidad de un suicidio. Pero las palabras se amontonan en sus labios, y salen en catarata; no sabemos si para convencerse a sí misma de que eso no es posible, de que no lo ha podido pensar, de que es absurdo, o bien quiere asustarle, empujarle a hacerlo, para que él mismo se dé cuenta de que no es verdad, enfrentándole con la realidad material de los hechos, para acobardarle, para hundirle. Sabe que la única manera de salvarle es, ahora, destruirle. Él se abandonará, se irá avergonzado, pero se irá. Mañana, lejos, todo comenzará de nuevo. Y algún día, no muy lejano, todo esto les parecerá una pesadilla y reirán recordándolo.)

LUISA.- ¿A quién intentas engañar? ¿Si quieres suicidarte por qué lo anuncias? ¿Crees que vamos a impedírtelo? Vamos, entra en el baño. ¿O prefieres el gas? Toma, no tienes más que abrir la llave, yo misma cerraré la ventana y taparé las rendijas de la puerta.

ANDRÉS.- ¡Déjame!...

LUISA.- No eres cobarde, sino mentiroso. Nunca has pensado en suicidarte, nunca. Es solo el peto, para los demás y para ti. ¿Quieres asustarte aún más de lo que estás? Y, asustarme a mí. ¿Qué acepte todo por miedo a lo peor? Pero... ¿es que hay algo peor? ¿Eh?

(ANDRÉS recita obsesivamente su tema. LUISA mira el reloj.)

LUISA.- Andrés quedan ya solo siete minutos. Debes tomar una decisión.

ANDRÉS.- Tómala tú por mí. Haré lo que me pidas. ¿Eh? Dímelo, ordénamelo.

LUISA.- No puedo; terminarías odiándome si lo hiciera. Yo no quiero dejarte, pero compréndelo: debo hacerlo.

ANDRÉS.- ¿Crees que yo no quisiera ir contigo? Pero es aquí, este es mi lugar.

LUISA.- Vendrás por mí. Me necesitas más de lo que crees.

ANDRÉS.- Todo será mucho más difícil, solo... Lo sé. ¿A quién iré a contar los fracasos, las tristezas y todo el cansancio?...

LUISA.- Debería odiarte, y sin embargo te quiero.

ANDRÉS.- No tengo en toda la ciudad nadie que me escuche.

LUISA.- Nadie escucha. Bastante tiene cada uno con sus propios problemas.

ANDRÉS.- Quédate, quédate.

LUISA.- Extenderás tu brazo indolentemente como un niño, buscarás mi refugio; pero yo ya no estaré.

ANDRÉS.- En cuanto lo haya conseguido correré a buscarte.

LUISA.- ¿Y qué encontrarás?

ANDRÉS.- Quédate, te necesito más que nunca.

LUISA.- Quizá te encuentres con alguien a quien ya no conoces y yo no te conoceré a ti.

ANDRÉS.- Ayúdame.

LUISA.- Es lo que más deseo, pero no debo. Lo hago por ti.

ANDRÉS.- Dame aún una oportunidad.

LUISA.- Y luego me pedirías otra y otra. ¿Hasta cuándo?

ANDRÉS.- Lo conseguiré. *(Grita.)* ¡Lo conseguiré!...

LUISA.- ¿Lo crees realmente?

ANDRÉS.- No sé; no sé nada. Ayúdame tú a creerlo. Necesito recobrar toda mi fe.

LUISA.- Lo conseguirás, pero... ¿por cuánto tiempo? ¿Hoy? ¿Una semana? ¿Un mes, quizá? ¡Sería tan fácil! Deshacer la maleta, colgar los vestidos en las perchas. Me pondría el delantal, luego fregaría los platos. Lloraríamos abrazados, y nos dormiríamos el uno contra el otro, cansados de luchar, abandonándonos en la felicidad nuevamente recobrada. Pero todo comenzaría de nuevo.

ANDRÉS.- Quizá hoy veríamos las cosas de distinta manera.

LUISA.- No debemos engañarnos. He necesitado todo mi valor para decidirme... Si no lo hago ahora, ya no podría hacerlo nunca.

ANDRÉS.- He aprendido tanto esta noche...

LUISA.- ¿El qué?

ANDRÉS.- De una asignatura que no se aprende en ningún libro. ¿Has oído hablar de ella? Se llama: vida.

LUISA.- Te llenas de grandes hallazgos que crees únicos y maravillosos. Pero todos tienen los suyos y nadie lanza las campanas al vuelo.

ANDRÉS.- Avanzo, siento que estoy avanzando.

LUISA.- Sí, avanzas.

ANDRÉS.- Decide tú. Dime: "Ven" y te seguiré.

LUISA.- Quisiera tanto poder hacerlo... Pero es lo único que no puedo hacer por ti. Me lo reprocharías siempre. Eres tú; debes ser tú. En esto, nadie -ni yo misma- puede ayudarte.

ANDRÉS.- Te juro que... que aún no sé lo que quiero.

LUISA.- Lo sabrás. Todo esto te ayudará a madurar. Encontrarás ese camino que buscas. Ya estás avanzando por él.

ANDRÉS.- No... Creo que me muevo, pero en realidad sigo aún clavado en el punto de partida. Siempre me ha ocurrido.

LUISA.- Lo conseguirás. Vendrás a mí triunfador y yo te pediré perdón, porque, como siempre, me habría equivocado.

ANDRÉS.- Ayúdame a romper estas cadenas que odio. Libérame de mí mismo. Arrástrame.

LUISA.- Quiero quedarme, quedarme contigo.

ANDRÉS.- Quiero marcharme contigo.

LUISA.- No nos olvides.

ANDRÉS.- Es por ti y por él por lo que debo quedarme. Trabajaré duramente. Esperadme... llegaré.

LUISA.- Dime: quédate.

ANDRÉS.- Vete.

LUISA.- Sí.

ANDRÉS.- Pídeme que me vaya contigo.

LUISA.- Quédate.

(LUISA va a salir. Está en el quicio de la puerta. De pronto suelta la maleta y avanzan uno hacia el otro. Se abrazan en medio de la escena. Se separan. LUISA sale y cierra la puerta. Se oyen sus pasos bajando la escalera. Luego silencio. ANDRÉS se sienta y recita.)

ANDRÉS.- "... los varones de 25 a 60 años y las mujeres de 20 a 50 que permanezcan célibes, por lo que se entienden los no casados, comprendidos los viudos y los divorciados, no pueden en absoluto..."

(Y en ese momento suena el teléfono. Una vez, dos, tres, ANDRÉS permanece inmóvil mirando al vacío. De pronto se levanta, corre hacia la puerta, la abre y sale a la escalera.)

ANDRÉS.- *(Grita.)* ¡Luisa!... ¡Luisa!... ¡Están llamando!... ¡Luisa!... ¡Luisa!...

(Entra lentamente. El teléfono continúa sonando. Se acerca, va a cogerlo. Mira los temas sobre la mesa.[64] *Entonces tira violentamente del cordón hasta arrancarlo. El teléfono enmudece. Arranca la caja y la arroja al suelo, bajo la cama. Respira. Va a la mesa, se sienta. Y, con voz firme y cada vez más poderosa, recita:)*

ANDRÉS.- ... "los célibes tienen todavía la posibilidad de adquirir, si contraen matrimonio dentro de los cien días desde que ocurrió la muerte del testador o dentro del plazo de la aceptación formal..."

(El telón ha ido descendiendo lentamente.)

---

[64] Nota de la edición:

Se han conservado dos versiones del final. En una de ellas, el autor añadió una frase de Andrés justo antes de arrancar el cable del teléfono: "*No, aún no; aún no estoy suficientemente preparado.*" Esta línea explicita el conflicto interno del personaje, subrayando su inseguridad ante la llamada simbólica que representa el deber, el sistema, o quizá el inmovilismo y el miedo al fracaso.

Sin embargo, se ha optado por la versión original, que prescinde del texto verbal y apuesta por una acción decisiva. Esta omisión refuerza la tensión dramática y deja mayor espacio a la interpretación del espectador. El gesto de arrancar el teléfono sustituye la palabra por una acción poderosa que puede representar -según la mirada del público- una rebelión, una huida, una liberación o una desesperación. Es un final más abierto y más universal.

LA CONTRATA

Obra original de

Ricardo López Aranda

PERSONAJES:

ANDRÉS

LUISA

ACTO PRIMERO

Cuarto de estar: En escena ANDRÉS y LUISA, únicos personajes de la obra. ANDRÉS tiene veintitrés años y LUISA veinte.

LUISA viste una sencilla bata de casa. ANDRÉS, en el centro de la habitación, sentado a horcajadas en una silla, con los brazos apoyados en el respaldo y un programa entre las manos. Está en mangas de camisa. Ambos parecen agotados por un largo esfuerzo. ANDRÉS recita de forma mecánica, como si le pesaran las palabras.

ANDRÉS.- ... Según los derechos del comprador en el momento de adquirir el objeto. ¡Uf..., vaya regalito!

LUISA.- Muy bien. Ha sido casi al pie de la letra. Ahora vamos con el tema doscientos diecisiete.

ANDRÉS.- Espera un momento. No me dejas ni respirar. *(Mira el programa. Lee.)* "Las propiedades inmuebles..." *(Una pausa. Con gesto de súplica.)* ¿Puedo fumar un cigarrillo?

LUISA.- Está bien.

ANDRÉS.- *(Suplicante.)* ¿Y si hiciéramos una pausa? ¿eh?

LUISA.- Bueno. Pero solo diez minutos.

ANDRÉS.- Eres una tirana. Después de cuatro horas ya podías ser un poquito más... ¿no?

LUISA.- No.

ANDRÉS.- Vaya...

LUISA.- Esto va estupendamente.

ANDRÉS.- ¿Tú crees?

LUISA.- Desde luego.

ANDRÉS.- *(Señalando los libros.)* ¡Qué ganas tengo de tirarlos por la ventana!

LUISA.- No son esos mis proyectos.

ANDRÉS.- ¿Qué piensas hacer con ellos? ¿Puede saberse, o es un secreto?

LUISA.- Mañana, después del examen, te lo diré.

ANDRÉS.- Me estoy muriendo de curiosidad. ¿Qué suplicio habrás inventado para ellos?

LUISA.- *(Enigmática.)* ¡Ah!...

ANDRÉS.- ¿Quemarlos vivos?

LUISA.- Peor.

ANDRÉS.- Me rindo. Pero pienso que será algo horrible. Las mujeres tenéis una imaginación especial para las crueldades.

LUISA.- ¿Solo para eso? *(Se acerca a él y le besa.)* Mira...

ANDRÉS.- ¿Qué?...

LUISA.- El cielo... ¿Verdad que es maravilloso?

ANDRÉS.- Sí.

LUISA.- Todo es siempre más bonito de noche, ¿verdad?

ANDRÉS.- No sé... Yo pienso que la belleza de las cosas, como su fealdad, están más en nuestros ojos que en las cosas mismas. Recuerdo cosas que de niño me admiraban y hoy me aburren. Ser viejo debe ser eso: El hastío de ver siempre las mismas cosas en los mismos sitios.

LUISA.- Pues ya ves: yo miro aún las estrellas. Están ahí. Son siempre las mismas. Lo sé. Y sin embargo me gusta. ¿Quiere decir eso que soy aún una niña?

ANDRÉS.- Quizá.

LUISA.- *(Soñadora.)* Un día quise contarlas. Tenía entonces quince años. ¿Qué hacías tú a los quince años?

ANDRÉS.- Pues supongo que fumar cigarrillos a escondidas, jugar al futbolín, poner latas en la cola de les perros, tirar piedras a los guardias para sentir la emoción de ser perseguido como en las películas y hacer colección de sellos... ¡Ah, y estudiar, naturalmente! Aún recuerdo con horror aquellas interminables clases de latín.

LUISA.- ¿Solo eso?

ANDRÉS.- ¿Qué más quieres? Espero que no creerás que estás casada con un ex-niño prodigio. ¡Espera!... ¡Recuerdo!... Sí, recuerdo que escribía también un diario, contando de mí mismo unas cosas horribles, con la esperanza de que algún día alguien lo leyera y quedara espantado de mi perversidad... Terribles secuestros, de los que siempre salía triunfador, y aventuras amorosas que harían enrojecer a un legionario.

LUISA.- ¿Nada más?

ANDRÉS.- Nada.

LUISA.- Y tirar de las trenzas a las niñas de algún colegio vecino, ¿es que no lo has hecho nunca?

ANDRÉS.- ¿Cómo lo has adivinado?

LUISA.- No sé. Supongo que eso lo hacen todos los muchachos a esa edad.

ANDRÉS.- ¿A ti te lo han hecho?

LUISA.- Sí.

ANDRÉS.- ¿Y te gustaba?

LUISA.- Me daban ganas de morder. *(Evocadora.)* Eran unos años ridículos pero maravillosos. Recuerdo que a veces lloraba sin saber por qué. Me entusiasmaba leer novelas y quedarme tumbada en la cama horas y horas.

ANDRÉS.- ¿Soñando? *(LUISA asiente.)* ¿Qué soñabas?

LUISA.- ¡Qué sé yo!... Mil cosas: viajes, poesías, vestidos... Recuerdo que me enamoraba de todos los actores de cine. Con una sola condición: Tenían que ser casados.

ANDRÉS.- ¿Y eso?

LUISA.- No sé. Siempre me inspiraron pena los hombres casados. Es como ver pasar un perro con collar.

ANDRÉS.- Te advierto que no me importa la comparación por la parte que me toca en lo de perro.

LUISA.- Ah, ¿no?

ANDRÉS.- Es que yo tengo el collar más bonito del mundo. *(La besa.)* ¡Bueno, basta ya! Es absurdo que intentemos olvidar con palabras sensibleras y recuerdos ridículos toda la angustia que nos ahoga.

LUISA.- ¡Calla, por favor! No rompas el encanto. Déjame aún un minuto de sueños. ¡Ayúdame!... *(Una pausa.)* Me gusta ver la ciudad allá, bajo nuestros pies. Tantos años arriba y abajo de su negra piel de asfalto. Es lástima que los pies no dejen huellas en las calles de las ciudades como en la arena de la playa. Podría reconstruirse toda una vida a través de ellas. Las calles que nos vieron nacer y hacernos hombres y mujeres. Es curioso: no sé sus nombres y sin embargo me conozco de memoria todas sus adorables vueltas y revueltas. Incluso me gustan sus defectos. Aquí un hoyo, allí una baldosa que se mueve y salpica en los días de lluvia... Podría quedarme ciega y andar por ellas como si pasara las manos por un cuerpo conocido... *(Volviendo a la realidad.)* ¿Qué te pasa?

ANDRÉS.- Nada.

LUISA.- Te tiemblan las manos.

ANDRÉS.- No sé... Tengo frío.

LUISA.- Pero si hace un bochorno insoportable. Estás asustado, eso es todo.

ANDRÉS.- ¿Asustado yo?

LUISA.- ¿Y por qué no? Siempre el tonto orgullo de los hombres. Si es natural. Mañana será un día decisivo para nosotros.

ANDRÉS.- ¿Irás a verme?

LUISA.- No. Tengo miedo.

ANDRÉS.- ¿Por qué?...

LUISA.- No sé. Es un temor extraño.

ANDRÉS.- Soy quién más probabilidades tiene de ganar esta oposición.

LUISA.- Lo sé.

ANDRÉS.- Entonces, ¿qué puedes temer?

LUISA.- Sufrí mucho cuando la vez pasada.

ANDRÉS.- ¡No me recuerdes aquello, por favor!

LUISA.- Un año ya...

ANDRÉS.- No sé cómo pudo ocurrirme.

LUISA.- Las cosas ocurren, y uno no acaba nunca de encontrarles un porqué razonable.

ANDRÉS.- Ahora eres tú la fatalista.

LUISA.- Perdona. No quise decirlo. Sucede a veces que uno se encuentra diciendo las palabras que jamás hubiera querido pronunciar.

ANDRÉS.- De todas formas, eso pasó.

LUISA.- Un año de pesadilla.

ANDRÉS.- Intentemos olvidar. Ahora la esperanza está de nuevo ante nosotros. Será maravilloso.

LUISA.- Entonces decíamos lo mismo, ¿recuerdas?

ANDRÉS.- Pero ahora no será así. Estoy bien preparado. Tú lo sabes.

LUISA.- Nadie mejor me yo. Me sé de memoria esos temas a fuerza de oírtelos repetir. Me obsesionan. Son como pequeños monstruos que me persiguen.

ANDRÉS.- A mí también me sucede. Es algo diabólico. Lo que más me subleva es la inutilidad de la mayor parte de ellos. No me servirán nunca de nada aun en el caso de obtener la plaza. Parece como si los hubieran puesto tan solo por un ridículo prurito de aumentar las dificultades. Pero no es esto sólo. El futuro de la juventud actual es una lucha contra reloj frente a miles de absurdos tribunales obsesionados por un desconcertante e inútil "más difícil todavía".

LUISA.- Pero ¿por qué?... ¿Por qué?

ANDRÉS.- Hay más hombres jóvenes a la espera que puestos disponibles. Y los viejos intentan por todos los medios permanecer en los suyos. Y lo peor es que ni siquiera saben renovarse.

LUISA.- Pero eso es injusto.

ANDRÉS.- ¡Tantas cosas son injustas!...

LUISA.- ¿Por qué no crear, entonces, más puestos de responsabilidad?

ANDRÉS.- Quizá nuestra sociedad no los necesite. Es posible que precisemos más mano de obra y menos bibliotecas ambulantes. Más monos de trabajo y menos corbatas.

LUISA.- Entonces, ¿por qué permitirte subir para luego desplomarte en el vacío? Tantos años desgastados inútilmente en el estudio. ¿Es que va a quedar estéril tanto esfuerzo nuestro, de todos?

ANDRÉS.- Eso mismo me pregunto yo. Y muchas cosas más. De un tiempo a esta parte todo son para mí preguntas sin respuesta. Quizá sea esto ser hombre. Tener un millón de palabras en los labios y un millón de preguntas en el corazón cuya respuesta se ignora siempre.

LUISA.- Un año ya. Parece imposible que haya podido pasar.

ANDRÉS.- Sin ti no hubiera podido resistirlo.

LUISA.- Meses y meses, días y días, horas y horas... ¿Qué queda de todo eso? Un poco de amargura. Un poco más. Y otro poco.

ANDRÉS.- Dejemos ya eso, ¿te parece?

LUISA.- Tienes razón. Perdona. *(Una pausa. Se acerca a la ventana.)* Mira allí.

ANDRÉS.- ¿Qué es?

LUISA.- Una estrella.

ANDRÉS.- Una... ¿qué?

LUISA.- ¡Una estrella!

ANDRÉS.- ¿Dónde?

LUISA.- Ha desaparecido en la Ciudad Universitaria. Justamente detrás de la Facultad de Medicina.

ANDRÉS.- *(Con gran ternura.)* Sigues siendo una niña que mira caer las estrellas.

LUISA.- ¿No te gusta?

ANDRÉS.- En ti todo me parece bien.

LUISA.- Tienes razón. Una extraña mezcla de mujer angustiada y de chiquilla a la que aún asombran muchas cosas, eso soy. *(Evocadora.)* La Universidad... ¡Qué mundo tan maravilloso!

ANDRÉS.- Y tan lejano ya...

LUISA.- ¿Lejano? Apenas hace poco más de un año que lo dejamos. ¿Recuerdas?...

ANDRÉS.- Aparecías donde menos podía esperársete, siempre tan llamativa que todos se volvían para mirarte. *(Silba.)* A más de uno tuve que espabilarle por eso.

LUISA.- Te advierto que me daba mucha vergüenza, pero era la única manera de que te fijaras en mí. ¡Siempre corriendo detrás del balón o con la cabeza metida entre los libros!

ANDRÉS.- Pues no te quitaba ojo.

LUISA.- Y luego aquel desparpajo con todas. Bromas, carcajadas. Y en cuanto yo me acercaba, cara de funeral de tercera y conversación de metafísica.

ANDRÉS.- Quería impresionarte.

LUISA.- Pues solo conseguías aburrirme.

ANDRÉS.- Tenía miedo de parecerte demasiado superficial. Que pensaras que no tenía cabeza. Que era un atolondrado como los otros.

LUISA.- ¿Y no lo eras?

ANDRÉS.- Al menos no tomaba parte en sus ridículas juergas estudiantiles.

LUISA.- ¡Ja!... Como que las otras no me contaban para hacerme rabiar, tu forma loca de cantar y bailar en aquellas famosas excursiones, de las que yo era excluida sistemáticamente porque estando yo, ya se sabía: El gran Andrés se ponía serio y no había fiesta.

ANDRÉS.- ¿Tan importante era?

LUISA.- Les gustabas a todas.

ANDRÉS.- Ah, ¿sí?

LUISA.- Como si no lo supieras tú.

ANDRÉS.- Pues no lo sabía.

LUISA.- Lo que quieres es que te regale el oído. "Que si Andrés me dijo ayer... Que si le he visto con..." ¡Y yo rabia que rabia!

ANDRÉS.- Y sacándome de mis casillas.

LUISA.- No seas tonto. Conmigo la mejor de las fiestas la convertías en cátedra de historia o de economía política.

ANDRÉS.- Porque tú eras distinta.

LUISA.- Y vengan exposiciones y conferencias en el Ateneo, y conciertos. Y yo rabiando porque me llevaras a un baile, o a un cine de barrio para...

ANDRÉS.- ¿Para qué?

LUISA.- No te hagas el ingenuo. De sobra sabes lo que hacías con las otras en los cines de barrio.

ANDRÉS.- No irás a decirme que me espiabas.

LUISA.- No era necesario. Les faltaba tiempo para llegar al colegio y contármelo: "¿No sabes con quién he estado esta tarde en el cine? Adivina... ¿No caes? Con Andrés González... Sí, mujer, le conoces. Te he visto con él varias veces... Ay, hija, nunca pensé que fuera tan atrevido. Pero, es que tiene un no sé qué..."

ANDRÉS.- ¿Que yo tengo un no sé qué? ¿Dónde?

LUISA.- No sé. Nada en particular. Nada y todo. Si había que jugar un partido de fútbol, allí estabas tú. Si había que representar una obra de teatro, allí estabas tú. Si la tuna iba de ronda, allí estabas tú agitando la bandera o tocando la pandereta.

ANDRÉS.- Era lo único que sabía hacer.

LUISA.- Y desde luego si había camorra, se tratara de faldas, de fútbol o de política, allí era seguro encontrarte. No había pérdida, el más gritón y el más pegón, aquel eras tú.

ANDRÉS.- ¿Sabes de qué me enteré ayer? Alberto García ha sido detenido.

LUISA.- ¿Tu antiguo compañero de cuarto en el Colegio Mayor?

ANDRÉS.- Justamente.

LUISA.- Estudiaba medicina. Lo recuerdo muy bien, pero ¿por qué?

ANDRÉS.- Por lo visto últimamente se dedicaba a provocar abortos. Una de las muchachas murió. Su familia dio parte a la policía.

LUISA.- Dios mío, eso es horrible.

ANDRÉS.- No encontró otra solución, según dicen. Las cosas le iban terriblemente mal. Estuvo dos años sin empleo después de salir de la Facultad. Su familia no podía ayudarle. Hizo la carrera con becas. Parece que alguien se interesó por él. Siempre hay tipos así a la caza de desesperados. Y ese ha sido el resultado.

LUISA.- No intentes justificar algo tan espantoso.

ANDRÉS.- No lo justifico. Él intentó una solución equivocada. Algunos van a Hispanoamérica. Otros se casan... bien. Eso es otra solución. Si se pudiera hacer una encuesta sobre los postgraduados universitarios que, no encontrando una salida profesional digna, se casan por dinero, nos quedaríamos aterrados. Hoy no son solo las mujeres, hay también un mercado de hombres. Y el ex-universitario se cotiza bastante. Los burgueses adinerados se los regalan a sus hijas como un presente de gran lujo. Esto, además, les da un cierto prestigio entre sus amistades. "Sí, es médico. Un buen muchacho. Un poco raro. Ya sabes cómo son los jóvenes de hoy en día. Le he puesto un despacho en el Banco..." Es la moda. Adornamos las casas. Hemos venido a sustituir a los jarrones chinos de hace cincuenta años.

LUISA.- Pero también los hay que consiguen el triunfo. Puedo citarte nombres.

ANDRÉS.- Sí, pero esos no justifican el fracaso de los demás. Es como meter cien hombres en una barca con alimentos para uno solo y abandonarlos en medio del océano. Sobrevive el más fuerte, el más astuto. Pero ese sobreviviente no justifica el matadero.

(ANDRÉS se ha ido acercando a la ventana y queda inmóvil, mirando a un punto lejano.)

LUISA.- ¿Qué te pasa?

ANDRÉS.- Aún hay luz.

LUISA.- Estarán preparando los ejercicios.

ANDRÉS.- ¿A estas horas? No creo.

LUISA.- ¿Entonces?...

ANDRÉS.- Pensar que detrás de aquel cuadro de luz está nuestra felicidad..., o...

LUISA.- Por favor, no pienses en ello.

ANDRÉS.- Ahora eres tú la que tiemblas.

LUISA.- Es el relente de la noche.

(Una pausa. ANDRÉS coge entre las manos la cabeza de LUISA y la mira intensamente a los ojos.)

LUISA.- ¿Qué?...

ANDRÉS.- ¿Eres... feliz?

LUISA.- ¿Lo has dudado alguna vez? Eres tú quién no lo parece tanto.

ANDRÉS.- Yo soy muy dichoso teniéndote a mi lado. Tú eres mi felicidad. Todo lo que deseo está en tus ojos, en tu boca, en tus manos. Mi mundo, el que yo amo, ese mundo interior que solo tú conoces, el que está más allá de los hombres y de las cosas, muere o vive a una palabra tuya, a una mirada, a un gesto tuyo.

LUISA.- Yo te quiero.

ANDRÉS.- Lo sé.

LUISA.- Entonces, ¿a qué viene ese entrecejo? Antes eras más alegre.

ANDRÉS.- Di más bien ingenuo. Creía en la vida.

LUISA.- ¿Y ya no?

ANDRÉS.- Sí, pero...

LUISA.- Pero ¿qué?

ANDRÉS.- De otra forma. Antes creía que todo era menos cruel.

LUISA.- Pero tú sabías que era preciso luchar. Luchabas ya en la facultad por conseguir los primeros puestos. Lo mismo en las aulas que en el campo de deportes. Y lo conseguías. La victoria está siempre detrás de la pelea. Era lo que más me gustaba en ti. Tu empuje. Pasabas como una gran ola y a tu alrededor todos sonreían.

ANDRÉS.- Sí, es cierto. Luché entonces. Sabía que siempre me sería preciso luchar para realizar mis sueños... nuestros sueños. Pero... nunca pensé que el fracaso pudiera existir realmente.

LUISA.- Tú conocías casos.

ANDRÉS.- Yo sabía que algunos, que muchos fracasaban. Como sé que muchos mueren. Pero no se me ocurría pensar en mí mismo en esa situación, imaginarme fracasado, como no logro verme muerto. El fracaso y la muerte son siempre cosas que ocurren a los otros.

LUISA.- Pero ¿quién te ha dicho que tú eres ya un fracasado? Aún hay tanto tiempo para nosotros... Somos solo dos niños que piden demasiado.

ANDRÉS.- Antes todos esperaban mucho de mí.

LUISA.- Yo lo espero todo de ti.

ANDRÉS.- Tú me quieres. Pero... ¿Y los otros? ¿Es que yo no soy el mismo?

LUISA.- ¿Por qué dices eso?

ANDRÉS.- Lo noto en la forma en que me miran: "¿Qué tal? ¿Eh?... ¿Cómo va eso? No tienes que desanimarte, muchacho. Esas cosas van lentas..."

LUISA.- Pero ¿qué pueden importarnos los demás? Estamos juntos tú y yo. Nos queremos. ¿No es bastante?

ANDRÉS.- Creo que no.

LUISA.- No te entiendo. ¿No decías hace un instante que mi amor era lo más importante para ti?

ANDRÉS.- Desde luego, sí. Pero es que no es solo eso.

LUISA.- ¡Dilo todo!

ANDRÉS.- A veces pienso en las muchas cosas que desearía para ti, ¿sabes? Y entonces... Cosas necesarias de que te veo privada y sé que deseas. Y sufro.

LUISA.- Nunca he deseado lujos. Sabía al casarme contigo que no los tendría jamás.

ANDRÉS.- Pero yo hablaba tanto de todo lo que sería nuestra vida. Tantos proyectos. Tantos sueños. Siento que te he defraudado.

LUISA.- Escucha: Me casé contigo porque te quería, te quería a ti mismo. No al gran hombre que pudieras llegar a ser, que yo sé que serás. Pero no es a ese sueño de grandeza a lo que quiero, sino a ti, a ti, ahora y siempre, pobre o rico, triste o alegre. *(ANDRÉS la atrae hacia sí. La acaricia tiernamente.)* Además, vamos tirando, ¿no? Podía irnos peor. Con tus clases y mis copias a máquina tenemos suficiente para los dos. ¿Qué te ocurre?

ANDRÉS.- Nada.

LUISA.- ¿He dicho algo que pudiera ofenderte? Si es así, perdona. Lo he hecho sin darme cuenta.

ANDRÉS.- Oh, no. No es eso.

LUISA.- Entonces, ¿qué?

ANDRÉS.- Me siento un poco avergonzado.

LUISA.- A veces me dan ganas de darte unos azotes como si fueras un mocoso. Ven, dime de una vez lo que te bulle ahí dentro.

ANDRÉS.- Has dicho los dos. Dices que basta para dos, ¿comprendes?

LUISA.- No.

ANDRÉS.- Es tan difícil...

LUISA.- No sé a dónde quieres ir a parar.

ANDRÉS.- Llevamos un año casados, y... ¡Oh! Yo sé que desearías tener un hijo. Yo también lo deseo. Y sin embargo...

LUISA.- ¡Cállate!

ANDRÉS.- Es preciso que me escuches hasta el final ahora que me he atrevido a hablar de esto.

LUISA.- Entonces era esa la angustia que hace tiempo veía en tus ojos.

ANDRÉS.- Sí.

LUISA.- ¡Oh, Dios mío! ¡Qué triste es todo esto!...

ANDRÉS.- ¿Recuerdas cuánto hablábamos de esto al principio? Los hijos... nuestros hijos. Hasta les habíamos puesto nombres. El primero se llamaría Andrés...

LUISA.- ... y sería un muchacho guapo y fuerte como su padre, corriendo siempre detrás de las muchachas.

ANDRÉS.- Incluso hablabas de los vestidos que harías para las niñas. De cómo las enseñaríamos a ser independientes para que no fueran en el futuro carga del hombre, sino compañeras.

LUISA.- Sí.

ANDRÉS.- Nos vimos retozando con ellos sobre la alfombra. Y asistimos en sueños al nacimiento de su primer diente y de su primer amor.

LUISA.- Sí.

ANDRÉS.- Ahora ni siquiera nos atrevemos a nombrar a esos hijos nuestros que no han llegado. Que no llegarán jamás si las cosas no cambian.

LUISA.- Es mejor no pensar en ello.

ANDRÉS.- Pero tú siempre estás torturándote con lo mismo. No soy yo solo. Tú también. No lo dices, pero lo adivino en tu forma de mirar a los niños, a todos los niños que se cruzan en nuestro camino.

LUISA.- ¿Por qué te torturas? Este es el hecho: No tenemos hijos porque no podríamos darles que comer. Luego, que vengan los moralistas predicando esto o aquello. ¿Acaso no los deseamos? Sí, ¿entonces? Un hijo es dinero, más dinero cada vez. Y si el presupuesto mal da para dos, imposible estirarlo para tres. El hecho es éste. Podría escribirse un libro. Algunos lo han hecho. Pero nadie trata de ponerle remedio. Después de esto, te ruego que no se vuelva a abordar este tema entre nosotros. No podría sufrirlo.

ANDRÉS.- Pero, esta situación es injusta. Debe haber algún culpable.

LUISA.- Tú y yo, desde luego, no.

ANDRÉS.- ¿Quién?... ¿Acaso... Dios?

LUISA.- De ningún modo. Esa sociedad que no permite a sus hombres comenzar a vivir antes de los treinta o los treinta y cinco años. Esa sociedad que desperdicia las mejores energías de la juventud. Que arrastra a las mujeres al ostracismo y a la bobaliconería, y a los hombres a mentir a unas por aburrimiento y a acostarse con las otras por dinero. Así durante años. Luego, el matrimonio es solo un acto social. Un ensamblaje de presupuestos. Y, ¡ay de los rebeldes! Para esos no hay piedad.

ANDRÉS.- Jamás creí que el dinero pudiera tener tanta importancia. Que el no tenerlo pudiera impedir incluso el nacimiento de ese hijo, de esos hijos que tanto deseé siempre, con los que soñé y que serían una maravillosa culminación de nuestro amor.

LUISA.- Por favor, basta ya.

ANDRÉS.- Estás llorando.

LUISA.- Es esa luz. Me hace daño en los ojos.

(De pronto comienza a oírse una melodía.)

LUISA.- Escucha...

ANDRÉS.- ¿Qué es?

LUISA.- Esa música.

ANDRÉS.- No oigo nada.

(La música aumenta de volumen.)

LUISA.- ¿Y ahora?

ANDRÉS.- Sí.

LUISA.- ¿La recuerdas?

ANDRÉS.- Desde luego. Fue nuestro primer baile en el Club Universitario. Tú estabas muy hermosa aquella tarde. Y no sabía qué hacer con las manos.

LUISA.- *(Con ternura.)* ¿Quiere usted invitarme a bailar, guapo muchacho?[65] *(Bailan. Cesa la música.)* Se acabó. ¡Qué lástima!...

ANDRÉS.- Algún día te regalaré este disco. Será el primero de nuestra discoteca.[66]

LUISA.- ¡Oh, qué maravilloso!...

ANDRÉS.- *(Como si leyera en el futuro.)* Y yo tendré un despacho impresionante, con estantes repletos de libros, hasta el techo.

LUISA.- *(Lo mismo.)* Parece que la estoy viendo.

ANDRÉS.- ¿El qué?

LUISA.- La casa. Nuestra casa. Y además...

ANDRÉS.- ¿Más aún?

---

[65] *(Andrés va a protestar, pero Luisa le tapa la boca con un dedo. Y dice algo como "sin chistar" o "silencio por favor", que en realidad no se oye, pues es apenas un movimiento imperceptible de los labios. Bailan durante unos instantes muy juntos, en silencio. De pronto, la música cesa bruscamente. Andrés y Luisa se separan y se quedan mirando como si acabaran de despertar de algún sueño maravilloso.)*

[66] *(Están en el centro de la habitación separados, pero cogidos de las manos como dos niños sonrientes y felices que jugarán al corro.)*

LUISA.- Un coche...

ANDRÉS.- ¿No te parece demasiado?

LUISA.- Oh, un coche pequeñito para hacer excursiones todos los fines de semana. Al principio lo conduciré yo...

ANDRÉS.- No, yo.

LUISA.- ¡Yo!...

ANDRÉS.- Está bien, tú. No vamos a discutir por eso.

LUISA.- Es que tú estarás siempre muy cansado de andar de un lado para otro, trabajando, como un hombre importante, ¿comprendes? Luego, cuando los niños sean mayores, tendremos otro más grande que conducirán ellos. Para entonces tú habrás engordado un poco. Y yo habré envejecido. *(Una pausa. De pronto se aparta, va a la mesa y coge los libros.)* Bueno, ahora a estudiar de nuevo.

ANDRÉS.- Espera... *(Quiere besarla. Ella se resiste.)*

LUISA.- ¡No!...

ANDRÉS.- Si es solo un instante.

LUISA.- Nada.

ANDRÉS.- El tiempo de darte un beso, mujer.

LUISA.- ¡No! He dicho que no. ¡No!...

(ANDRÉS la besa y corre al centro de la habitación sentándose a horcajadas sobre la silla. Todo rápidamente.)

ANDRÉS.- ¿Dónde habíamos quedado?

LUISA.- *(Muy digna. En pose de presidente de tribunal.)* Tema... doscientos diecisiete.

(ANDRÉS busca el tema en el programa. Lo encuentra. Lee.)

ANDRÉS.- Tema doscientos diecisiete: "Las propiedades inmuebles". Las propiedades que...

(De pronto se para, cruza los brazos sobre el respaldo de la silla y hunde la cabeza en ellos. LUISA se acerca a él despacio y lo rodea con sus brazos con ternura. Se alza una melodía: son tres notas ascendentes tocadas con flauta. Es como un lamento que brotara de su alma y quedara flotando en el aire como una pregunta que espera respuesta.)

LUISA.- ¿Qué te ocurre?

ANDRÉS.- *(Después de una pausa.)* Tengo miedo... Tengo mucho miedo...

ACTO SEGUNDO

Han pasado dos años desde el acto anterior. El paso del tiempo ha de estar marcado en el rostro demacrado y como ausente de los actores. Es de noche. ANDRÉS se agita en el sofá preso de una pesadilla. LUISA está sentada en el baúl. La melodía, tocada ahora a ritmo de jazz, violenta, obsesionante, lo domina todo desde antes de encenderse las luces. Cuando ANDRÉS despierta cesa bruscamente. LUISA se acerca al sofá y sacude a ANDRÉS con violencia por los hombros.[67]

LUISA.- Despierta.

ANDRÉS.- ¡No!...

LUISA.- ¡Vamos! ¡Despierta de una vez!

ANDRÉS.- ¡Oh!... *(Se despierta.)*[68]

---

[67] (Han pasado dos años desde el acto anterior. Todo sigue igual en cuanto a los muebles, incluso su disposición. El paso del tiempo ha de estar marcado en el rostro demacrado y como ausente de los actores, en sus gestos menos vivos, menos angulosos, y en sus ropas, que indican claramente más abandono que indigencia. Es de noche. Andrés se agita en la cama y murmura unas palabras ininteligibles, preso de una pesadilla. Luisa, sentada en el baúl, lleva una media que es ya un verdadero muestrario de zurcidos. Se pone el zapato y procura ocultar el remiendo en el talón sin conseguirlo. Se quita el zapato y mira la suela rota y los tacones desgastados y deformes. Con un gesto de desesperación, tira el zapato al suelo y se arranca la media, arrojándola lejos de sí. Se levanta, va hacia la ventana y se queda mirando largo rato al vacío. De pronto se cubre la cara con los con las manos y solloza. Andrés ha llegado al punto culminante de su pesadilla.)

ANDRÉS.- ¡No!... ¡No!... ¡No!...
(Luisa le mira, se acerca a la cama lentamente, y le sacude los hombros con violencia.)

[68] *(Andrés se ha despertado con un grito de sobresalto. Se sienta en la cama. Durante el diálogo que sigue, Luisa arregla unos papeles que hay sobre la mesa, se sienta y escribe.)*

LUISA.- Me crispas los nervios con tus dichosas pesadillas.

ANDRÉS.- ¿Qué hora es?

LUISA.- Las dos pasadas.

ANDRÉS.- ¿Qué haces aún levantada?

LUISA.- Trabajar. Alguien tiene que hacerlo.

ANDRÉS.- ¿Ya estás otra vez?

LUISA.- Me has preguntado, ¿no?

ANDRÉS.- Siempre lo mismo.

LUISA.- ¿Tengo yo la culpa?

ANDRÉS.- No me avergüences más, por favor.

(Una pausa. ANDRÉS se levanta y pasea por la habitación, fumando un cigarrillo.)

LUISA.- ¿Qué soñabas?

ADRES- ¿Cómo?

LUISA.- Has vuelto a hablar en voz alta mientras dormías.

ANDRÉS.- ¿Entendiste algo?

LUISA.- Solo algunas palabras sueltas.

ANDRÉS.- Era algo horrible.

LUISA.- ¿Más aún?

ANDRÉS.- Estaba... estaba en la cárcel.

LUISA.- ¿En la cárcel?

ANDRÉS.- Sí.

LUISA.- ¿Y eso?

ANDRÉS.- Hace días hablé con Ricardo Suárez, ¿lo recuerdas? Me lo encontré en la calle casualmente. Empezó a dar gritos y a palmearme la espalda como un loco. Me arrastró a una cafetería. Charlamos.

Ya sabes cómo era él. Pues sigue igual. Tan jovial, tan impetuoso...

LUISA.- ¿Y tan sinvergüenza también?

ANDRÉS.- De eso se trata precisamente. Después de pasar un buen rato, me dijo que tenía que hablarme de un negocio. Primero me había preguntado por ti, ¿sabes? Y qué, cómo nos iba. Luego me di cuenta del porqué de esta extraña solicitud. Tanteaba el terreno.

LUISA.- Y ese negocio, ¿de qué se trataba?

ANDRÉS.- Algo... muy sucio.

LUISA.- Viniendo de él no podrías esperar otra cosa.

ANDRÉS.- Cosa de mucho dinero y poco riesgo, ¿sabes? Pero tan ruin...

LUISA.- Tú te negarías, naturalmente.

ANDRÉS.- Desde luego.

LUISA.- A mí me hubiera oído, además, te lo aseguro. ¡Sinvergüenza!... Sin duda sabe la situación apurada en que nos encontramos y quería aprovecharse.

ANDRÉS.- Pero...

LUISA.- Pero ¿qué?

ANDRÉS.- Es que en el sueño yo le decía que sí.

LUISA.- Y, ¿qué importancia puede tener eso? No es más que un sueño. ¿Por qué no me dijiste que te habías encontrado con él?

ANDRÉS.- Sabía que iba a disgustarte. No hacía más que mirarme de arriba abajo y decir: "¿Es posible?... ¿Es posible?... El mejor alumno de la Facultad en esta situación..."

LUISA.- Y tú, ¿qué?

ANDRÉS.- Yo le dije que era cosa de poco tiempo. Que preparaba una oposición. ¡Después de tres años de preparación no iba a perder todo ese esfuerzo aceptando un empleo cualquiera! Por otra parte, no tenía dinero como él para emprender un negocio... Pero que una vez obtenida esa plaza todo sería distinto.

LUISA.- No sigas. La eterna cantinela. Me la sé de memoria. Y ese asunto, ¿de qué se trata?

ANDRÉS.- Algo que causará la ruina de cientos de familias. Necesitan un buen abogado que les resuelva a base de triquiñuelas los posibles encontronazos con la ley.

LUISA.- Y dices que en el sueño aceptabas, ¿por qué?

ANDRÉS.- No sé. Solo recuerdo que todo era maravilloso durante algún tiempo. Hasta que, de pronto, me veía encerrado en la cárcel.

LUISA.- Anda, acuéstate. Procura dormir de nuevo.

ANDRÉS.- No.

LUISA.- ¿Por qué?

ANDRÉS.- Es mejor así.

LUISA.- ¿Mejor?

ANDRÉS.- Sería horrible que pudiera venir otra vez esa pesadilla.

(LUISA escribe. ANDRÉS pasea. Luego saca unos periódicos y lee.)

ANDRÉS.- Oye, ¿sabes una cosa?

LUISA.- ¿Qué?

ANDRÉS.- Hay guerra.

LUISA.- ¡Vaya descubrimiento! Desde que nací no he oído hablar de otra cosa.

ANDRÉS.- Un recuadro en la segunda página.

LUISA.- Será una guerra pequeña. Para que sea noticia de primera plana tiene que pasar del millón de muertos. En realidad, es un asunto que a nadie interesa. Solo a los muertos, claro.

ANDRÉS.- Me pregunto si alguien sabrá el sentido de esa guerra y de esos muertos. Les ponen música de fondo y ellos se creen héroes. Con eso basta. Al menos ellos no sabrán más nunca. Son ahora jóvenes muertos de los que puede pensarse que habrían llegado a la meta. Que habrían hecho esto y aquello. ¿Sabes lo que hubieran hecho realmente de habérseles dado su oportunidad? Nada. Eso hubieran hecho, ¡nada!...

LUISA.- Ya está bien. Déjame en paz.

ANDRÉS.- *(Leyendo.)* Deportes... Deportes... Deportes... "Callicidas Dulcinea" Escucha: "¿Es usted joven? El éxito le espera. He aquí la forma de aumentar sus ingresos y ser feliz: Aprenda radio por correspondencia". "Se sabe que la conocida millonaria Lady Mhiller ha hecho testamento a favor de su gato siamés favorito". "Vendo Mercedes seminuevo". ¿Te interesa?... "¡Éxito clamoroso! La película más inmoral de todos los tiempos. Venta anticipada. La historia de un joven rebelde a quien ningún vicio era ajeno. Extraordinaria interpretación. Usted se identificará con el personaje. Viva dos horas de emoción e intriga. La loca juventud, la alegre juventud, con sus camisas chillonas, sus cuevas y sus ritmos desenfrenados. La película que presenta al desnudo la juventud insustancial, alocada y violenta de la posguerra." ¿Qué posguerra?... Estos no han leído la segunda página. *(Arroja los periódicos al suelo.)* ¿Has oído? Somos insustanciales y alocados. Me gustaría saber quién nos ha hecho así. ¿Quién financia tanta película imbécil, tanta revista pornográfica, tantos programas de radio y de televisión absolutamente insustanciales? Y luego aún tienen el cinismo de asombrarse de las consecuencias.

LUISA.- Estás gritando.

ANDRÉS.- ¿Y por qué no? Grito contra esta sociedad podrida, la nuestra, la que está aquí, ahora, rodeándonos. ¿Es qué nadie va a decir que no estamos conformes? Que no queremos morir. Que no queremos matar. Que nos importan un bledo los odios antiguos. Que solo queremos vivir, ser útiles, amarnos... Tengo unas ganas terribles de hacer algo útil, Luisa. Tú lo sabes y como yo hay miles aquí, millones en todo el mundo. Jóvenes de cuerpo y espíritu, sobrantes de energías, esperando que nos propongan una diana precisa. Pero el horizonte es solo un caos.

LUISA.- ¿Por qué?...

ANDRÉS.- Porque el hombre de hoy vive para sí mismo. Solo para sí mismo. Nada más que para sí mismo. Y nos han contagiado su egoísmo. Nos empujan a ser egoístas a fuerza de negarnos el pan y la sal. Ellos piensan que no somos recuperables. Por eso nos ponen la mordaza en la boca y la pistola en la nuca. No saben cuánto amor nos late dentro. Al fin y al cabo, se trata de nuestros padres. Es cierto que no nos sentimos solidarios. Esa es la verdad, pero ¿quién tiene la culpa? ¡Ellos!... ¡Ellos!... Todo se decide sin consultarnos. ¡Y todavía nos exigen entusiasmo!

LUISA.- Por favor, deja ya eso. De nada sirve estar siempre dando vueltas a la noria, si no hay agua en el pozo. Tú lo sabes.

ANDRÉS.- No quieren nada ni a nadie. Nada les preocupa. Trabajan, duermen, se divierten, hacen el amor, van al cine, al fútbol... Están adormecidos. No tienen vida. Se arrastran como autómatas y quieren hacer lo mismo con nosotros.

LUISA.- Pero alguna posibilidad habrá de salir de esta situación. Debe haberla.

ANDRÉS.- No. Porque es que todo está siempre decidido de antemano. Las guerras y las paces. Todo está en manos de la gran banca internacional. Ella nos lleva al matadero de la guerra y luego mete en sus fábricas a los supervivientes. ¿Cuál es nuestro papel? El de testigos de un desenlace inevitable. El de testigos, o el de muertos. ¡Oh, Dios!... Si ellos se pararan y nos miraran. Nos verían alzar los brazos pidiéndoles un poco de piedad. Necesitamos tanto amar y ser amados. Comprender y ser comprendidos. Ayudar y ser ayudados...

LUISA.- *(Está contando el dinero en un sobre.)* Hay que pagar la habitación y comprarte unos zapatos. Esos te calan. Y ya no es posible arreglarlos más.

ANDRÉS.- Tú también necesitas unas medias.

LUISA.- Puedo pasarme sin ellas. Pero tú no puedes ir por ahí descalzo.

ANDRÉS.- ¿Cuánto hay?

LUISA.- Cuatrocientas y estamos a veinte. *(Mira su pulsera. Se la saca.)*

ANDRÉS.- No. Eso no.

LUISA.- ¿Qué vamos a hacer si no? ¿Ves tú otra solución? Es lo único que nos queda.

ANDRÉS.- Pediremos dinero a casa.

LUISA.- ¿Otra vez? No somos ya dos estudiantes que piden su giro al fin de cada mes. Estamos casados. Hace tres años. de esto. Somos responsables. Nuestra vida es nuestra. Nuestras dificultades, nuestras. Nadie puede responsabilizarse por nosotros.

ANDRÉS.- Escúchame, Luisa, Yo quiero que mi vida sirva para algo. Quiero ser útil. Pero ¿cómo?... ¿Dónde?... Nos preparan para algo grande y luego tienes que agarrarte a lo que salga. Eso si sale. No me importa que me hayan estafado. Solo quiero saber una cosa: ¿Por qué lo han hecho?... ¿Por qué?

LUISA.- ¿A quién se lo preguntas? ¿A mí?

ANDRÉS.- Todo esto es artificial. Algo a punto de estallar.

LUISA.- Procura no decir esas cosas en la calle. A veces cuesta caro.

ANDRÉS.- ¡No se puede enseñar a pensar para que luego no te dejen hacerlo! ¿Por qué no dicen: "¡Basta!...", al principio? Entonces aún era tiempo. Y si no que carguen con las consecuencias. Es preciso quemarlo todo y empezar de nuevo.

LUISA.- Empezar, ¿qué?

ANDRÉS.- Todo. Desde el principio. Porque todo está podrido. Nosotros también.

LUISA.- Si al menos tuviéramos fe. La fe da resignación.

ANDRÉS.- ¡Pero yo no quiero resignarme! ¡Yo quiero luchar!...

LUISA.- Pues lucha.

ANDRÉS.- Pero ¿cómo? ¿Contra quién? Yo sé que todo esto está mal, pero es que tampoco estoy seguro de que yo pudiera hacerlo mejor. Me falta resolución. Soy solo un intelectual. Un chillón. A fuerza de verlo todo me es imposible decidirme por nada.

LUISA.- Entonces vuélvete a la cama y sigue durmiendo.

ANDRÉS.- Soy un hombre recto y puro que ha trabajado mucho. Y me encuentro de pronto en el umbral de la vida con una maleta llena de libros y ningún camino adónde ir. Ahora lo comprendo. Sí. Somos los bibelots de su gran subasta de vivos y de muertos. La Universidad es como una fábrica. Salimos flamantes con nuestros títulos bajo el brazo. Nosotros tenemos muchas ilusiones. Pero ellos tienen el dinero. ¿Comprendes?... Somos la mercancía. Si hay venta, sales al escaparate: Una guerra, por ejemplo. Si no, te pudres en el almacén hasta que te comen las ratas de la desesperación. Si tienes padrinos y te avienes a someterte a las reglas del juego, entonces es un poco más sencillo. Te entregan un frigorífico y un televisor, te dan una palmada en el hombro y te dicen: "Es la vida, muchacho... Nosotros también fuimos jóvenes... "

LUISA.- ¿Quieres callarte de una vez? Me estás distrayendo.

(Una pausa. LUISA escribe. ANDRÉS fuma y pasea en silencio.)

LUISA.- ¿Me das un cigarrillo?

ANDRÉS.- Solo quedaba este.

(Le da el que está fumando. Ella da dos breves caladas y se lo devuelve.)

LUISA.- Gracias.

ANDRÉS.- No, no, quédatelo tú.

LUISA.- Habrá que suprimir también los cigarrillos.

ANDRÉS.- Eso creo.

LUISA.- Me pregunto cuándo tendremos que suprimir también la comida. *(Encuentra un sobre entre los papeles.)* ¿Qué es esto?

ANDRÉS.- Es de mi primo Alfredo. Creí que la habías leído.

LUISA.- ¿Puedo hacerlo?

ANDRÉS.- Desde luego. Quiere que le busque una pensión barata.

LUISA.- ¿Y eso?

ANDRÉS.- Quiere venirse a vivir aquí. Ha terminado el bachillerato y quiere empezar una carrera.

LUISA.- ¿Qué le has contestado?

ANDRÉS.- No le he contestado.

LUISA.- Y, ¿qué piensas decirle cuando lo hagas?

ANDRÉS.- No lo haré.

LUISA.- ¿Por qué?

ANDRÉS.- No quiero sentirme algún día responsable. Estoy harto de ver cada año esas nuevas oleadas de muchachos apeándose en la estación, con los ojos brillantes de júbilo. A los pocos días irrumpen en tropel en las aulas retozando como potrillos. Durante los primeros meses los veo pasar ilusionados, cogidos por los hombros, con los libros bajo el brazo y la cabeza llena de esperanzas. Luego el juego es siempre el mismo. A la ilusión sucede la serenidad irónica, luego el escepticismo, después la apatía y el miedo y el asco. Por fin, el fracaso. Es el último escalón. Lo terrible es que no es posible gritarles: "¡Cuidado!..." Porque la experiencia del fracaso es incomunicable. Cada hombre fracasado es siempre el primero del mundo. ¿Qué tal va eso?

LUISA.- Bien. Con el dinero que me dé mañana el tipo ese pienso desempeñar la máquina y volver a las copias. Este es un trabajo que me repugna.

ANDRÉS.- *(Se acerca y lee.)* "...ella lanzó un grito agudísimo. Un alarido inhumano. Roberto entonces la cogió entre sus brazos y..." ¿Es posible que alguien pueda dar dinero por esto?

LUISA.- Ya ves. Él creo que lo vende a las cadenas de emisoras convertidas en seriales. Un negocio bien montado que sirve lágrimas e imbecilidad a domicilio.

ANDRÉS.- ¿Qué argumento es esta vez?

LUISA.- *(Con sorna.)* Comienza con un duelo entre dos hermanos, enamorados de una misma mujer, que luego resulta ser su hermana. Una hermana de contrabando, de las que su padre el conde les tiene bien surtidos.

ANDRÉS.- ¿Desenlace?

LUISA.- Uno se suicida. Y el otro mata al padre.

ANDRÉS.- ¿Y... ella?

LUISA.- ¡Qué pregunta! Ella se mete monja, naturalmente.

ANDRÉS.- Perdona, no estoy al tanto. Sin duda hará llorar a las criadas de servicio.

LUISA.- *(Con amargura. Dejando de escribir.)* De seguir así es posible que no esté muy lejano el día que nos haga llorar también a nosotros.

ANDRÉS.- ¿A nosotros? ¿Por qué dices eso?

LUISA.- No sé. Noto que voy desmoronándome por dentro.

ANDRÉS.- Es el hambre. Estás muy débil. Trabajas demasiado. Yo... yo hago lo que puedo. Pero ya ves, últimamente no tengo suerte. Cada vez me rechazan más todos. Ya solo me quedan dos clases. Y aun estas, creo que las perderé pronto. Creo que es por la ropa. Noto que deben contener la risa cada vez que se abre una puerta y me anuncio como profesor. Parezco un mendigo.

LUISA.- Tú sabes la solución: busca un empleo. No te faltarán.

ANDRÉS.- Pero ¿y el tiempo? ¿Qué tiempo me quedará para el estudio?

LUISA.- Ya hemos discutido eso bastante. Déjame en paz.

ANDRÉS.- ¿Qué puedo hacer?

LUISA.- Tira los libros por la ventana. Y enfréntate con la vida. No eres ya un estudiante. Eres un hombre. Un hombre con responsabilidades. Tu deber es enfrentarte con la vida. Aquello fue... un bonito sueño que murió. Pero tú no acabas de despertar.

ANDRÉS.- Oh, Luisa, ¿qué ha sucedido? Todo puedo soportarlo, pero esto no. Que hayas perdido la fe en mí, no. Noto que te me escapas de las manos.

LUISA.- Tuya es la culpa.

ANDRÉS.- ¡Adónde hemos ido a parar!...

LUISA.- Y es posible que esto no sea el fondo aún.

ANDRÉS.- No hay que desesperar. Yo sé que todo lo bello está aún por suceder. Que hay un futuro maravilloso esperándonos en algún sitio. Habrá una mañana en la que al despertar nos encontraremos sin saber cómo en esa casa blanca de nuestros sueños llena de risa de niños.

LUISA.- ¡Basta! Deja de soñar. De soñar proyectos para un futuro que no vendrá nunca. Nuestra vida está aquí y ahora. *(Despreciativa.)* ¡Se te va la vida en sueños!

ANDRÉS.- ¿Y qué he de hacer entonces?

LUISA.- Te lo he dicho mil veces. Consíguete un trabajo sólido y seguro. Algo que sea definitivo en nuestras vidas. No esas clases que son como de tránsito. De tránsito, ¿hacia qué? Tienes que meterte en la cabeza que somos esto. Y que siempre lo seremos en adelante. Y que es preciso acomodarse.

ANDRÉS.- Pero yo he estudiado, Luisa. He dedicado muchos años a hacer una carrera y quiero vivir de ella.

LUISA.- *(Burlona.)* Y sigues pensando aún en tu famosa oposición. Pero ¿cómo es posible que estés tan ciego? Nunca hubo un sitio para ti y tú eras el mejor y todos lo sabían. Años y años... ¿Recuerdas la última vez? Fuiste a ver al presidente del tribunal. Estabas seguro de tu ejercicio y no comprendías cómo te había sido vuelta a negar. ¿Y qué te contestó?: "...Que lo sentía mucho..., que habías estado bien..., pero que aquello no era bastante..." Él no podía decir más, pero la cosa estaba bien clara, ¿no? Luego supimos que las plazas ya estaban dadas de antemano. ¿Sabes lo que te pasa? ¿Sabes por qué no lo consigues? ¿Por qué no lo conseguirás jamás? No te falta talento, ni saber. No. Lo que te falta es un enchufe. Las cosas se hacen hoy así. Es la regla. Si fueras hijo de ministro, otro gallo te cantaría.

ANDRÉS.- Todo está podrido. Es lástima.

LUISA.- Pero no puedes quedarte ahí, cruzado de brazos diciendo: "Todo está podrido... es lástima". La vida es una gran calle donde es preciso moverse con astucia si no se quiere morir aplastado. Y si tanto deseas vivir de tu carrera, ¿por qué no abres un bufete?

ANDRÉS.- ¿Un bufete? Estás loca. ¿Quién me conoce? Una placa dorada: "Don Andrés González, Abogado". Y a esperar sentado el cliente que no llegará nunca.

LUISA.- Entonces, ¿vamos a estar así toda la vida? ¿A seguir y seguir encerrados en esta ridícula torre de sueños? ¿Es que no te das cuenta? El tiempo de los sueños ha terminado. Y es preciso comenzar a vivir. Tú sabes mucho.

ANDRÉS.- Pero no tengo dinero. Y un hombre vale tanto cuantos ceros pueda añadir en su cuenta corriente.

LUISA.- Utiliza tus relaciones. Sé egoísta. Todo el mundo lo hace hoy. ¿Dónde están tus compañeros de colegio y de facultad? ¿Y todos tus antiguos camaradas? En algún sitio debe quedarte un amigo.

ANDRÉS.- ¿Mis amigos? ¿Dónde están mis amigos? Unos demasiado arriba como para que puedan oírme. Y otros, como Suárez, demasiado en el fondo como para que yo pueda escucharlos. *(Después de una pausa. Como en sueños.)* Un buen mecánico... No me hubiera importado. Yo hubiera sido un buen mecánico... Ya no puedo... Todo ha fallado. Nuestra torre ha sido destruida.

LUISA.- Pues es preciso reconstruir una nueva con los escombros.

ANDRÉS.- ¿Dónde?... ¿Cómo?...

LUISA.- Esa es la misión del hombre. O si no, ¿qué es un hombre? ¿Solo unos brazos anchos y unas espaldas anchas y unas manos grandes para el amor? ¡No! Es también y, sobre todo, una forma de vivir.

Una forma de orientar esa vida suya. Y la de su mujer. Y la de sus hijos.

ANDRÉS.- *(Como ausente.)* Vivimos en la época de la prensa sensacionalista que hace creer gigantes a las bellotas, de los concursos que encumbran estrellas de latón y purpurina, de los héroes del fútbol, de los monstruos sagrados del cine... Y no hay un puesto decoroso para los trabajadores de años y años.[69]

LUISA.- Y, ¿qué hay de aquel puesto en aquel periódico?

ANDRÉS.- Le llevé unos artículos. Me palmearon la espalda y sonriendo me pusieron en la puerta. Por lo visto tengo un buen estilo, pero ideas avanzadas. Eso dijo: "Muchacho, si un día cambia de opinión, la puerta estará abierta..." Todas las puertas se abren si uno cambia de opinión. Ellos nos hacen chantaje: A cabeza llena, estómago vacío.

LUISA.- Pero ¿por qué luchar contra la corriente?

ANDRÉS.- ¡Yo no me vendo a ningún clan político! Demasiados lo hacen ya.

LUISA.- *(Irónica.)* He aquí un hombre puro. Ya quedan pocos. *(Como si pregonara en una feria.)* "¡Vengan señores, vengan... El hombre puro... El último de su especie... Pasen a verle... Está ya agonizante... ¡Es su última oportunidad!..." Un hombre puro. Un hombre que no se vende ¿Acaso prefieres que sea yo quien tenga que venderme?

ANDRÉS.- *(Con ira reprimida.)* ¡Cállate!

LUISA.- *(Estallando.)* ¡No! Es la hora de decirlo todo. Es la hora de decirlo todo con las palabras más horrendas. De decirnos a la cara todo lo que durante meses nos hemos estado gritando con los ojos.

(ANDRÉS se acerca a ella en dos zancadas y la sacude por los hombros.)

---

[69] *(Hay una pausa tensa. De pronto, Luisa recuerda:)*

ANDRÉS.- Luisa, ¿qué te sucede? Vuelve en ti. Despierta. ¡Despierta!...

(Al oír la palabra "despierta", LUISA comienza a reír histéricamente.)

ANDRÉS.- No te rías así. Yo te quiero. Te quiero. Te...

LUISA.- Un estómago no se llena solo con palabras, ¿no lo sabías? Además, si has fracasado, ¿qué? Después de todo se trata de tu porvenir. Pero ¿y yo? ¿Qué pinto yo en todo esto? Tu fracaso es tuyo y no puedes arrástrame a él.

ANDRÉS.- Te desconozco, Luisa.

LUISA.- Yo también te desconozco. Yo me casé con un hombre que aspiraba a triunfar. Con un futuro triunfador, ¿comprendes? Y ahora resulta que me encuentro ligada a un saco de sueños inútiles.

ANDRÉS.- Luisa, no me digas eso, por favor. No pronuncies palabras tan terribles, que no podamos olvidar jamás. Palabras que sean como fantasmas que se interpongan entre nosotros.

(Están frente a frente mirándose a los ojos. ANDRÉS en un movimiento de irreprimible ternura alarga la mano y va a acariciar el pelo de su mujer. Ésta la aparta de un manotazo y escupe en el suelo a sus pies.)

LUISA.- Me das asco.

(ANDRÉS sin poder contenerse le da un bofetón. LUISA yace a los pies de la cama. ANDRÉS queda en el centro de la habitación avergonzado: sin saber que hacer. LUISA se levanta lentamente, saca una maleta de debajo de la cama y empieza a meter ropa que extrae del baúl.)

ANDRÉS.- ¿Qué haces?

LUISA.- Pensaba marcharme de casa mañana. No me atrevía a decírtelo. Pero después de lo que ha pasado no puedo esperar más. Me voy ahora mismo.

ANDRÉS.- ¿Adónde?

LUISA.- No sé. A cualquier parte.

ANDRÉS.- Pero tú no puedes abandonarme ahora.

LUISA.- ¿No?...

ANDRÉS.- No puedes dejarme solo.

LUISA.- ¿Tú crees? Pues vas a verlo ahora mismo.

(LUISA cierra la maleta, se pone un abrigo sobre los hombros, e inicia la marcha. ANDRÉS la detiene cuando está ya a punto de salir.)

ANDRÉS.- No te vayas. Perdóname. He sido un bruto. Te prometo que no volverá a suceder nunca. Han sido los nervios, ¿comprendes? ¿Te he hecho mucho daño?

LUISA.- ¡Suéltame!...

ANDRÉS.- No te vayas. Todo puede comenzar de nuevo. Todo puede ser maravilloso aún. Todas las oportunidades no han muerto.

LUISA.- ¿Qué esperas? ¿Un milagro? Los milagros hay que ir a buscarlos. No vienen a llamar a las puertas de las casas.

ANDRÉS.- No te vayas esta noche. Espera, al menos, a mañana.

LUISA.- Esperar... Esperar, ¿qué? ¿Qué puedo esperar ya de ti?

ANDRÉS.- ¿Qué ha sucedido?

(LUISA se desprende bruscamente de su abrazo y sale. ANDRÉS queda en el quicio de la puerta llamándola: "Luisa... Luisa..." no a gritos sino casi sin voz, como si la hubiera perdido dentro de sí mismo. Luego atraviesa la habitación y se tumba sobre la cama. Se le ve agitarse convulsivamente, aunque no se oyen los sollozos. Una pausa

larga. De pronto. LUISA aparece de nuevo en el umbral.)

LUISA.- No he podido hacerlo.

(ANDRÉS sigue en la misa postura como si nada hubiera oído.)

LUISA.- Te pido que me perdones.

ANDRÉS.- *(Sin volverse.)* Temo que no podré.

LUISA.- Inténtalo, te lo ruego.

ANDRÉS.- ¿A qué viene esta historia ahora? ¿No es ya demasiado tarde?

LUISA.- No. Porque al cruzar ese umbral me he dado cuenta de hasta qué punto te quiero. Y ahora más que nunca. Ahora que te veo solo e indefenso. No hagas caso de las cosas que te dije antes. No quise decirte nada que pudiera herirte. Es que estoy tan cansada... Todo será en adelante como si esta horrible escena no hubiera sucedido nunca... ¿Me escuchas?

ANDRÉS.- Sí.[70]

LUISA.- Ven. Siéntate a mi lado. Tenemos que hablar.[71] Es preciso que olvides la escena de antes y otras como ella. Yo también lo necesito. *(Cogiéndole las manos.)* ¿Cómo hemos podido llegar a esto?

ANDRÉS.- Yo también me lo pregunto, a veces. No somos los mismos. Te miro y veo en ti una extraña. Era tan distinto entonces...

(LUISA ha pasado las manos por la nuca de ANDRÉS y apoya la cabeza en su pecho. Habla con una voz sencilla, tierna, evocadora.)

LUISA.- ¿Por qué no intentamos recobrar aquel "entonces"?

---

[70] *(Luisa atraviesa la habitación y se sienta en un extremo del baúl.)*

[71] *(Andrés se levanta de la cama y lo hace.)*

ANDRÉS.- ¿Aquel entonces?...

LUISA.- Sí. La época de la Universidad...

ANDRÉS.- Yo leía revistas, hablaba de cine, de teatro, de política, de deportes, de lo que sería mi vida en el futuro, iba al gimnasio, al baile, y me gustaba ponerme corbatas de última moda. A veces sonreía sin motivo y me iba por las calles con las manos en los bolsillos, silbando.

LUISA.- Así ibas la primera vez que te vi. Con las manos en los bolsillos, silbando. Salías del Colegio Mayor. Yo iba con una compañera dando un paseo hasta la facultad. La conocías y continuamos juntos. Aquella tarde me enamoré de ti. ¿Por qué recuerdo todo esto ahora? Andrés...

ANDRÉS.- ¿Qué?

LUISA.- ¡Intentémoslo!

ANDRÉS.- Intentar, ¿qué?

LUISA.- Salvar algo de este incendio. Aunque solo sea el amor. Un amor pequeñito, un amor sin sueños, sin idealizaciones. Un amor un poco triste, pero al menos algo, ¡algo!... ¿Qué te pasa?

ANDRÉS.- ¿A mí?

LUISA.- Si. Te has quedado de pronto absorto, mirándome y mirándome.

ANDRÉS.- *(Balbuciendo.)* Es..., es que... *(Con sencillez.)* Te quiero.

LUISA.- Repite eso.

ANDRÉS.- Te-quie-ro...

LUISA.- Es tan maravilloso oírtelo decir. Todas esas frases que al leerlas o al escucharlas en otros labios, en el cine o en el teatro, me parecieron siempre tan ridículas, oídas de tus labios son para mí la más deliciosa de las músicas...

ANDRÉS.- *(Después de una pausa.)* ¡Qué loco he sido hasta hoy!... Ahora lo veo claro. Yo creía que la vida era una escalera que era preciso subir y subir siempre. Una interminable escalera de proyectos realizados, de dificultades vencidas, con la mirada puesta siempre un tramo más arriba. Y otro. Y otro... Y ahora comprendo que se puede uno quedar en un recodo cualquiera y no ser por eso menos feliz.

LUISA.- ¿Por qué dices eso?

ANDRÉS.- Voy a hacerlo.

LUISA.- ¿Qué?

ANDRÉS.- Tirar por la borda todos esos anhelos egoístas de subir y subir. Y quedarme aquí contigo, en esta casa de nuestra realidad, sin la amargura de los proyectos irrealizados. Sin mirar al siguiente escalón que te grita de lejos con su falsa voz, prometiéndote imposibles. Ahora lo comprendo. Es preciso resignarse. Aceptarse mediocres. Buscar una realidad a la medida de nuestras posibilidades. No como nos dicta el egoísmo y la ambición.

LUISA.- ¿Entonces?...

ANDRÉS.- Mañana buscaré un empleo.

LUISA.- ¿De veras? ¿De veras, Andrés?...

ANDRÉS.- Sí. Algo definitivo: Una fábrica... Una gasolinera... Una oficina. El mostrador de una tienda... ¡Lo que sea!

(Se levanta, se acerca a la mesa, recoge los libros y va con ellos al armario.)

LUISA.- ¿Qué vas a hacer?

ANDRÉS.- Guardarlos... Guardarlos para siempre.

LUISA.- ¿Qué te ocurre?

ANDRÉS.- Una extraña sensación. Al cerrarlos, ¿sabes? Es como si hubiera encerrado mi vida. La mía verdadera. El ayer que fui y el mañana que siempre soñé y que ya no seré jamás. Ya está. Ahora solo es preciso olvidar.

LUISA.- ¿Lo conseguirás?

ANDRÉS.- ¡Ayúdame a intentarlo!

(Se abrazan. LUISA se suelta de pronto.)

LUISA.- Vamos a mirar en los periódicos. Suelen venir ofertas interesantes. Aquí está: "Sección de Demandas / Empleos. Se necesita..."

ANDRÉS.- *(Mirando por la ventana al, infinito.)* Ya está. Queda abierta la subasta: Joven abogado. Veinticinco años. Complexión robusta. Dientes sanos. Habla francés. Puede hacer de todo. Desde maître de hotel a mozo de estación. Queda abierta la puja en quinientas pesetas al mes ¿Quién da más? Mil. ¿Quién da más? Cien mil. ¿Quién da más? Un millón. ¿Quién da más? *(Volviéndose.)* ¿Y si nadie ofrece nada?

(Telón muy rápido. Como si se desplomara sobre la última frase.)

ACTO TERCERO

Han pasado tres años más. El mismo escenario. En la calle, música de organillo. Luisa se arregla el pelo mirándose en un pequeño espejo de mano, mientras tararea una canción. De pronto, se levanta, va a la puerta y escucha. Rápidamente va a la mesa y enciende las velas de un pequeño pastel que hay sobre ella. Son seis. Luego abre el baúl y saca un paquete envuelto en papel de celofán que esconde detrás de sí. Una pausa. Entra ANDRÉS. Viste un pantalón oscuro, un jersey de cuello alto, y una chaqueta de pana marrón. Viene despeinado, con la gorra-visera en la mano. Algo grave le ha sucedido, pero LUISA en su alegría no se da cuenta de la expresión de su rostro. Se abraza a él y le besa efusivamente. Luego le muestra el pastel con las velas encendidas. ANDRÉS habla mecánicamente sin prestar atención a lo que dice. Cesa la música.

ANDRÉS.- ¿A qué viene tanto abrazo?

LUISA.- Mira... *(Le muestra el pastel con las velas encendidas.)*

ANDRÉS.- ¿Y esto?

LUISA.- ¿No has mirado el calendario?

ANDRÉS.- No.

LUISA.- Hoy hace justamente seis años.

ANDRÉS.- Seis años, ¿de qué?

LUISA.- De nuestra boda.

ANDRÉS.- Ah, era eso.

LUISA.- ¿Te parece poco? *(Entregándole el paquete que ha tenido escondido detrás todo este tiempo.)* Esto es para ti.

ANDRÉS.- ¿Eh?...

LUISA.- Mi regalo.

ANDRÉS.- ¿Qué es?

LUISA.- Ábrelo y verás. *(Lo abre. Es una corbata de un rojo rabioso.)* ¿Te gusta?

ANDRÉS.- Sí. Es bonita.

LUISA.- ¡Ajá!... ¿A ver cómo te queda? Así no se ve el efecto. Con la camisa destacará más.

ANDRÉS.- Siento no haberme acordado.

LUISA.- No importa.

ANDRÉS.- Debí traerte yo también alguna cosa.

LUISA.- Ya lo harás otra vez. Tenemos tanto tiempo... *(Descuelga su abrigo del perchero y se lo pone.)*

ANDRÉS.- ¿Adónde vas a estas horas?

LUISA.- Es que hoy hacemos fiesta. Nos vamos a cenar a un restaurante y después al cine. Al regreso nos comeremos la tarta. ¿Qué te parece?

ANDRÉS.- Estoy muy cansado.

LUISA.- Bueno, mañana tienes tu día libre y podrás dormir todo lo que quieras.

ANDRÉS.- ¿Mañana?

LUISA.- Sí, mañana.

ANDRÉS.- *(Extraño.)* Mañana...

LUISA.- ¿Qué te parece? ¿Estoy bien? Le he dado la vuelta. No iba a tirarle solo por haber perdido el color. Y el tinte estropea las telas horriblemente.

ANDRÉS.- Sí.

LUISA.- Tú quítate eso y ponte el traje. *(Ríe brevemente.)* Vamos a parecer provincianos endomingados. *(Ríe de nuevo.)* ¿Dios mío, qué pelo!... Parezco una bruja. Un día de estos tendré que ir a la peluquería. Ya no me acuerdo de cuándo fui la última vez. ¿Qué te parece si me tiñera de rubia? ¿Eh?... Oh, no; no me caería bien. Estoy demasiado pálida. Además, con el pelo oxigenado podría parecer, qué sé yo, ¡Dios mío, cualquier cosa!...

Pero ¿qué estás esperando? Vamos. Tenemos que cenar primero. Si no te das prisa, llegaremos tarde al cine y no me gusta ver las películas empezadas. Luego ya no se entiende y lo confunde todo. [72]¿Qué te pasa?

ANDRÉS.- Nada.

LUISA.- Te noto extraño.

ANDRÉS.- ¿Extraño?

LUISA.- Oye, no habrás vuelto a beber, ¿verdad?

ANDRÉS.- Oh, no es eso.

LUISA.- Mírame a los ojos. *(Le coge la cara con las manos y le mira fijamente.)*

ANDRÉS.- ¿Convencida?

LUISA.- Entonces, ¿qué es?

ANDRÉS.- Nada.

LUISA.- No intentes ocultármelo.

ANDRÉS.- Te digo que no es nada.

LUISA.- ¿Es... es que te ha ocurrido algo en el trabajo?

ANDRÉS.- ¿Eh?... No.

LUISA.- Algo te preocupa.

ANDRÉS.- *(Fingiendo.)* ¡Qué tontería! ¿No decías antes que íbamos a salir? ¿Qué esperas? Yo iré así.

LUISA.- Dime qué te pasa. No me moveré de aquí hasta que no me lo digas.

ANDRÉS.- Te digo que no es nada. Vamos.

LUISA.- Sería terrible que te hubieran despedido o algo así.

ANDRÉS.- Oh, no.

LUISA.- ¿Entonces?

---

[72] *(Luisa le mira extrañada. Por primera vez se da cuenta de su estado.)*

ANDRÉS.- ¿Otra vez? Ya está bien. Dejemos eso. Y, ¡vámonos de aquí! No puedo resistir esto. Las paredes, todo. Me da vueltas.

LUISA.- Si es que has tenido algún disgusto con tu jefe, procura olvidarlo. Es preciso que aprendas a dominarte. Los que están arriba chillan a veces. Es la costumbre. No se dan cuenta de que pueden herir.

ANDRÉS.- Ya te he dicho que no es...

LUISA.- Recuerda cuando te despidieron de aquella fábrica.

ANDRÉS.- ¿Quién se acuerda ya de eso? Era una explotación infame.

LUISA.- ¿Y el despacho de aquel abogado?

ANDRÉS.- No me recuerdes a aquel canalla. Era un embaucador sin conciencia.

LUISA.- ¿Y todos los demás empleos que dejaste sin una explicación?

ANDRÉS.- ¡Por favor!... Deja ya de decir tonterías. No es esta una noche a propósito para inútiles reconvenciones después de...

LUISA.- Después... ¿de qué?

ANDRÉS.- Nada.

LUISA.- *(Con sospecha.)* ¿Y el dinero que tenías que cobrar hoy?

ANDRÉS.- ¿Yo?...

LUISA.- No será que... Has perdido ese dinero, ¿verdad? ¿Es eso? ¡Dios mío!... *(Le saca la cartera del bolsillo.)* Aquí, no está. *(Busca sin encontrar nada.)* Y aquí tampoco. No hay nada. Nada. *(Se quita el abrigo y lo cuelga.)*

ANDRÉS.- Tengo algo que decirte...

LUISA.- Justamente. Era eso. Te han robado.

ANDRÉS.- *(En su mundo.)* Me encontré con Suárez esta mañana....

LUISA.- *(Sin oírle.)* Para una vez que encuentras un trabajo bien pagado, pierdes el dinero.

ANDRÉS.- *(Lo mismo.)* Tomamos un café juntos...

LUISA.- Tú me dirás qué vamos a hacer ahora, ¿eh? ¡Tú me dirás...!

ANDRÉS.- Tiene un gran reloj de oro. Y una sortija de brillantes...

LUISA.- Si al menos tuviéramos algo de valor que vender. ¡Dios mío!... ¿Con qué vamos a vivir ahora todo el mes? ¿Eh?

ANDRÉS.- Se ha comprado un coche...

LUISA.- ¡Ya está! ¡Un anticipo! Esa es la solución. Debes pedir un anticipo sobre el sueldo del próximo mes. Es la única salida.

ANDRÉS.- Un coche rojo, alargado, casi transparente...

LUISA.- Les explicas el caso y... ¡no se negarán! ¡No pueden negarse!

ANDRÉS.- Se hospeda en el Ritz. Una suite completa en el primer piso.

LUISA.- *(Oyéndole por primera vez.)* ¿Se puede saber qué es lo que estás mascullando entre dientes?

ANDRÉS.- ¿Eh?...

LUISA.- No has escuchado ni una sola palabra de lo que te he dicho.

ANDRÉS.- Yo...

LUISA.- Si, tu. ¿Qué haces? ¿Rezas?

ANDRÉS.- Te hablaba de un amigo.

LUISA.- ¿Un amigo? Tú ya no tienes amigos.

ANDRÉS.- Un antiguo amigo... Suárez.

LUISA.- ¿Otra vez ese golfante?

ANDRÉS.- Se ha comprado una villa en la Costa Brava.

LUISA.- ¿Eso te ha contado? ¡Ja!... ¿Y tú le has creído? Es un farsante. Siempre lo fue. Debías conocerle mejor.

ANDRÉS.- Es cierto. Te digo que es cierto. Me estuvo enseñando fotografías. Un gran edificio con terrazas de mármol junto al mar.

LUISA.- Te ha mentido. Se ha estado riendo de ti.

ANDRÉS.- Me hizo acompañarle al hotel. Todos los camareros le sonreían al pasar.

LUISA.- Eso no indica nada. Era un gesto muy suyo ir por ahí dando propinas a los camareros. Le gusta el agradecimiento en los demás. Por eso me resultó siempre odioso. Le gusta sentirse rodeado de sonrisas serviles.

ANDRÉS.- ¿Y el coche?

LUISA.- ¿Qué coche?

ANDRÉS.- Te he estado hablando de ello. No me has escuchado. Me llevó en coche. Un hermoso coche rojo. La matrícula estaba a su nombre. Me fijé bien.

LUISA.- A saber entonces con qué sucios manejos habrá conseguido todo ese dinero. *(De pronto recuerda.)* ¿Te volvió a hablar de aquello?

ANDRÉS.- Sí.

LUISA.- ¿Qué dijo?

ANDRÉS.- Simplemente: "¿Ves?... Así podrías estar tú... " Daba... daba la impresión como si ya no me necesitara.

LUISA.- ¿Es que hubieras ido?

ANDRÉS.- No sé. Ya nada sé.

LUISA.- Oye, Andrés, no habrás pensado ninguna locura, ¿verdad? Tú tienes un trabajo. Un trabajo honrado. Conduces un coche. ¡Tú también tienes un coche!

ANDRÉS.- Ya no...

LUISA.- ¿Qué dices?

ANDRÉS.- Ya no tengo ningún coche.

LUISA.- Entonces es que... Dilo todo. ¡Dilo todo de una vez!

ANDRÉS.- *(Ausente.)* Era tan hermoso. Llevaba un globo azul en la mano. Me recordaba...

LUISA.- Pero ¿qué sucede? ¿A qué viene toda esa historia?

ANDRÉS.- Aún está allí.

LUISA.- ¿Allí?... ¿Quién está allí? ¡Voy a ponerme a gritar!

ANDRÉS.- Sobre la mesa de mármol está aún más hermoso. Parece casi azul.

LUISA.- ¿Una mesa de mármol?

ANDRÉS.- La del depósito de cadáveres.

LUISA.- ¿Un... atropello? *(ANDRÉS asiente.)* ¡Dios mío! Has matado a un niño en un accidente, ¿no es eso?

ANDRÉS.- Sí.

LUISA. Debí figurarme algo así al verte llegar en ese estado.

ANDRÉS.- Oh, Luisa... ¡ayúdame!... Me siento tan cansado.

LUISA.- Pero ¿cómo pudo sucederte una cosa así?

ANDRÉS.- Yo mismo no acierto a explicármelo.

LUISA.- ¿Cuándo fue?

ANDRÉS.- Acababa de dejar a Suárez.

LUISA.- Continúa.

ANDRÉS.- Yo iba despacio. Soy un buen chófer. Tú lo sabes. Además, conduzco siempre con gran precaución. Pero esta vez...

LUISA.- Sigue...

ANDRÉS.- Fue algo atroz.

LUISA.- ¡Sigue!...

ANDRÉS.- No sé cómo pudo suceder. Solo recuerdo que de pronto el motor comenzó a rugir, y el contador de velocidad se acercaba a los cien. Yo pensaba en Suárez, en su reloj de oro, en su coche, en su dinero... Luego recordé nuestro cuarto, nuestra hambre, todo... Gritaba: "¡No es justo!... ¡No es justo!... No es justo. Yo, uno de los mejores alumnos de la Facultad en la miseria. Él, que jamás estudió, que sacó la carrera a base de recomendaciones, tiene una villa en la Costa Brava... ¿Es esto justo? ¿Qué sociedad es esta en la que tales cosas pueden suceder?... ¿Dónde está el premio al esfuerzo y a la inteligencia?... ¿Dónde la?... Debí cerrar los ojos, preso del furor, porque, de pronto, surgió ante mí la figura de un niño. Fue solo un instante. Un grito. El frenazo. Una multitud alrededor. El bulto sangriento. Y el globo azul más y más pequeño cada vez... allá arriba... tan lejos...

LUISA.- *(Después de una pausa.)* ¿Y luego?

ANDRÉS.- Llegaron los motoristas. Me seguían hacía un buen rato, según luego supe.

LUISA.- ¿Te llevaron a la comisaría?

ANDRÉS.- Sí.

LUISA.- Y... ¿te hicieron prestar declaración?

ANDRÉS.- Sí.

LUISA.- ¿Qué dijiste?

ANDRÉS.- No sé. No recuerdo nada. Todo es como una gran nebulosa girando y girando en mi cerebro.

LUISA.- Lo que no me explico es como hayan podido dejarte en libertad.

ANDRÉS.- Es que yo... *(Solloza sobre la mesa con la cabeza oculta entre los brazos.)*

LUISA.- Bueno, el caso es que lo han hecho. No te preocupes más. Es preciso que olvides. No puedes pasarte la vida obsesionado con eso. Duerme un poco.

ANDRÉS.- ¿Dormir?

LUISA.- Estás agotado. Y pasado mañana debes volver al trabajo.

ANDRÉS.- ¿Al trabajo?... ¿Qué trabajo?... Ya no tengo ningún trabajo.

LUISA.- ¿Entonces... quieres decir, que... que te han echado?

ANDRÉS.- *(Estallando.)* ¿Qué querías que hicieran, si ni aparecí? ¿Levantarme un monumento por asesinar? *(A un gesto de LUISA.)* Sí, no te asustes, esa es la palabra... asesinar a un niño.

LUISA.- ¡Oh, Dios!... *(Una pausa.)* Te será difícil encontrar otro empleo.

ANDRÉS.- ¿Qué me importan ya los empleos? ¿Es que no te das cuenta? ¡He matado! ¡He matado a un niño!

LUISA.- No ha sido tuya la culpa.

ANDRÉS.- ¿De quién, entonces?

LUISA.- No sé. Del destino, quizá.

ANDRÉS.- Pero yo no podré ser ya un hombre normal. Un hombre que tiene un empleo y llega cada sábado a casa y le entrega un sueldo a su mujer. Y otra vez. Y otra. Y así siempre... ¡No!

LUISA.- ¿Qué vas a hacer, entonces?

ANDRÉS.- Ya está hecho. Hablé con Suárez.

LUISA.- ¿Otra vez? ¿Qué pinta ese tipo en todo esto?

ANDRÉS.- *(Casi a gritos.)* ¿Es que es costumbre que un asesino ande suelto a las tres horas de haber cometido su crimen?

LUISA.- ¿Entonces?...

ANDRÉS.- Yo... Yo no quería ir a la cárcel, ¿comprendes? Un año, dos años, tres años de cárcel por una falta de la que en el fondo yo no me reconozco culpable.

LUISA.- ¿Quién, entonces?

ANDRÉS.- No sé... ¡Todos! Todo este horrible engranaje que se ha ido cerrando sobre mí, sobre nosotros. Yo... ¡Yo quiero vivir, Luisa!

LUISA.- Pero tú conoces a Suárez. ¿Por qué no acudiste a otro?

ANDRÉS.- Tú misma dijiste antes que no me quedaban amigos.

LUISA.- ¿Y cuáles fueron sus condiciones?

ANDRÉS.- Le llamé desde la comisaría. Me dijo que no me preocupara. Que él tenía relaciones... Hablaba y hablaba. Yo apenas oía nada. Todo daba vueltas a mi alrededor. Cuando volví en mí, estaba a mi lado. Pagó la fianza. Mucho dinero. Luego fuimos otra vez al hotel y...

LUISA.- Y... ¿qué?

ANDRÉS.- Me dijo que aún estaba a tiempo.

LUISA.- Y tú, naturalmente, dirías que no.

ANDRÉS.- Yo no dije nada.

LUISA.- ¿Es que piensas aceptar?

ANDRÉS.- Quizá...

LUISA.- Pero tú a él, ¿qué le dijiste? Acaba de una vez.

ANDRÉS.- Que... que tenía que consultarlo contigo. Está esperando mi llamada.

LUISA.- Pues ya sabes mi respuesta. *(Una pausa. Se acerca a la ventana.)* ¡Mira!...

ANDRÉS.- ¿Qué?...

LUISA.- Arriba.

ANDRÉS.- ¿Dónde?

LUISA.- El cielo...

ANDRÉS.- ¿Qué cielo?

LUISA.- Allí... ¿Recuerdas?... ¡Cuántas horas hemos pasado mirando a esas estrellas!

ANDRÉS.- No hay estrellas. Está nublado.

LUISA.- Pero ellas están detrás. Lo sabemos.

ANDRÉS.- Quizá... Pero no me importa ya lo que hay detrás de las cosas, sino las cosas mismas.

LUISA.- ¿Nunca podremos ser ya felices?

ANDRÉS.- No estamos aquí para serlo.

LUISA.- ¿Para qué, entonces?

ANDRÉS.- Para estar.

LUISA.- Pero ¿cuánto puede durar esto?

ANDRÉS.- Hasta que todo reviente.

LUISA.- No. Eso no puede ser.

ANDRÉS.- Yo tampoco lo quería creer. Ahora lo sé.

(Una pausa larga.)

LUISA.- ¿Cómo era?

ANDRÉS.- ¿Quién?

LUISA.- El niño.

ANDRÉS.- Rubio, con grandes ojos azules asustados.

LUISA.- Y... ¿cuántos años tendría?

ANDRÉS.- Cinco, quizá.

LUISA.- Es lástima.

ANDRÉS.- Sé lo que estás pensando. Es el tiempo que tendría hoy nuestro hijo, si... Si le hubiéramos dejado nacer.

LUISA.- ¿Murió... en el acto?

ANDRÉS.- Si. Creo que sí.

LUISA.- Andrés...

ANDRÉS.- ¿Qué?...

LUISA.- Hay dos sombras esta noche que te odian en algún sitio.

ANDRÉS.- ¿Quiénes?

LUISA.- Sus padres.

ANDRÉS.- Ya.

LUISA.- ¿No te estremece pensar en ese odio callado pero terrible en algún rincón de la ciudad?

ANDRÉS.- ¡Calla!

LUISA.- Y no será solo esta noche. Será un odio de años y años.

ANDRÉS.- ¿Por qué quieres torturarme?

LUISA.- Es que quiero que encuentres desde hoy una razón a toda esta tristeza nuestra.

ANDRÉS.- ¿Cómo?

LUISA.- Será... una expiación. Quizá. Quizá haya sido providencial. Un dolor necesita algo en que descansar. Un tormento inútil es siempre monstruoso. Pero a ese mismo sufrimiento dale un sentido, un porqué, y todo volverá a adquirir una apariencia de normalidad.

ANDRÉS.- ¡Basta!

LUISA.- Solo te pido que no contestes a ese hombre. Que no lo hagas esta noche, al menos.

ANDRÉS.- Y, ¿qué vamos a hacer, entonces?

LUISA.- No sé. Esperar.

ANDRÉS.- Esperar, ¿qué?...

LUISA.- ¿Es qué ya nada esperas?

ANDRÉS.- No.

LUISA.- ¿Ni un sueño te queda?

ANDRÉS.- No.

LUISA.- Antes soñabas siempre, ¿recuerdas?

ANDRÉS.- Pero de eso hace ya mucho tiempo. Siglos quizá. Te juro que de entonces a esta parte muchas cosas se han roto en mí. A veces...

LUISA.- Di.

ANDRÉS.- ...A veces tengo miedo a las ideas que se me cruzan por la cabeza.

LUISA.- ¿Qué ideas?

ANDRÉS.- Esta noche, cuando regresaba a casa, al pasar por el viaducto, comprendí...

LUISA.- ¿Qué comprendiste?

ANDRÉS.- Por qué algunos lo hacen.

LUISA.- Hacer, ¿qué?

ANDRÉS.- Suicidarse.

LUISA.- ¡Oh, no! Eso no. Eso nunca. ¡Nunca! Es preciso luchar. Luchar siempre.

ANDRÉS.- ¿Para qué?

LUISA.- Alguna finalidad habrá de tener todo esto. En algún lugar alguien sabrá su sentido.

ANDRÉS.- ¿Dónde? *(Con gran excitación.)* Escucha: La riqueza nos espera al otro lado del hilo telefónico. Si el mundo está podrido y a punto de reventar, ¿qué importa que tú y yo, aquí, nos pudramos por querer obstinadamente jugar limpio? Otros lo hacen con cartas marcadas y viven. Incluso en los puestos más altos.

LUISA.- Es preciso ser honrados.

ANDRÉS.- ¿Es qué crees que alguien va a darte una medalla? ¡No! Nos pudriremos en este rincón a solas con nuestra honradez. ¿Es que no comprendes? Todos hacen lo mismo. Cada uno vive atento a sus intereses sin preocuparse de los demás. No hay solidaridad entre los hombres. Estamos solos, aislados en un mundo de incomprensión.

LUISA.- ¡Vayámonos!

ANDRÉS.- ¿Irnos?... ¿Y adónde?

LUISA.- No sé. A otra ciudad.

ANDRÉS.- ¿Es que no te das cuenta? El mal no está aquí. El mal está en todas partes. Todas las ciudades son iguales. Lo sé. El mundo está podrido por igual en todas partes.

LUISA.- Piensa... piensa en ese niño muerto.

ANDRÉS.- Un niño ha muerto, sí. Y bien, ¿qué? ¿Acaso el mundo se conmueve? Todo sigue igual. Todo sigue siempre igual. Otros miles, tan inocentes como él, mueren cada día. Los nuestros murieron antes de nacer. Por eso este hedor. Porque están aquí sus cadáveres, con nosotros, dentro de nuestros vientres. ¿Dónde están sus coronas? Nadie supo nuestro dolor. Nadie lo sabe ahora. Y es que no nos ven uno a uno. Nos cuentan por millones. Somos solo cifras para las estadísticas. El hombre no cuenta para ellos. Porque cuando tú y yo decimos "la ciudad", pensamos en rostros individuales, en las pequeñas vidas ocultas. Y ellos no. Para los que están arriba somos tan solo peones de un aborrecible juego de ajedrez. He aquí el problema. Uno entre mil. Todos son grandes proyectos. Y se invierte la mitad del oro del mundo para destruir a los que ya estamos aquí, mientras las jóvenes madres tienen que abortar o no, simplemente por una cuestión de presupuesto. ¡Mira las estadísticas! ¡Míralas!... Y en medio de este mundo tú vienes a pedirme que aún sea honrado.

LUISA.- ¡Oh, Dios! Y que todo esto haya tenido que suceder esta noche precisamente.

ANDRÉS.- Si es por el pastel, no te preocupes. Lo comeremos igual.

LUISA.- No es eso.

ANDRÉS.- ¿Qué, entonces?

LUISA.- Es que... lo había elegido para decirte que...

ANDRÉS.- Para decirme, ¿qué?

LUISA.- No. Ya no.

ANDRÉS.- Pero ¿qué es?

LUISA.- No creo que sea prudente decírtelo ahora precisamente, dado el estado en que te encuentras. Y después de las cosas que acabas de decir.

ANDRÉS.- ¿Alguna nueva desgracia?

LUISA.- En cierto modo, sí. Vamos a tener un hijo.

(ANDRÉS queda como anonadado sin poder reaccionar. Al fin se acerca a LUISA y la coge por los hombros con manos temblorosas.)

ANDRÉS.- ¿Estás segura?

LUISA.- Sí. *(ANDRÉS se separa. LUISA corre hacia él y le abraza.)* Oh, Andrés. Quiero que viva. Lo quiero, tanto... ¿Eh?; respóndeme. Trabajaré yo también. Y daremos clase por la noche. ¿Qué dices? ¡Respóndeme!... ¡Di algo!... *(ANDRÉS comienza a reír nerviosamente.)* ¡No te rías así! ¡No puedo oírte reír así! Me haces daño. Llora si quieres. Llora conmigo. Pero no te rías de ese modo, por favor. ¡Por favor!... *(ANDRÉS se separa, coge la chaqueta y se dirige a la puerta.)* ¿Adónde vas?

ANDRÉS.- Tengo que hacer una llamada.

LUISA.- No. Eso no. Andrés... ¡Andrés!...

(ANDRÉS sale. LUISA queda en la puerta. Intenta llamarle de nuevo, pero ningún sonido sale de

su garganta. Luego va al centro de la habitación y dice muy suavemente, como si pensara.)

LUISA.- ¡Dios mío! ¿Por qué?... ¿por qué?...

(Ahora pasa por la calle una tuna. Se oye la música, las voces y las risas de la alegre muchachada. LUISA se deja caer en el suelo sollozando. Una pausa larga. La música sube a primer plano. ANDRÉS vuelve. Al verla, se acerca rápidamente. La levanta del suelo y la sienta en la cama con mimo.)

ANDRÉS.- Luisa, ¿qué ha ocurrido? Vamos, reacciona. Mañana iremos a visitar a un médico. Quiero que mi hijo no tenga dificultades, será un gran muchacho. Quizá él pueda liberarse de todo esto. Aunque quizá no. Mi padre soñó con que yo lo haría, y ya ves... *(Abre el baúl, saca la maleta de debajo de la cama y comienza a meter cosas dentro de ella.)* Bien, todo está arreglado. Comienzo mañana en ese asunto. Nos vamos de este agujero. Nos llevaremos lo indispensable. Ya mandaremos a buscar lo demás. Suárez pasará a recogernos de un momento a otro. *(Ha terminado de hacer la maleta. La cierra. Oye la música en la calle. Se acerca a la ventana. Una pausa. Llora en silencio. Se sobrepone, cierra la ventana y vuelve. Coge la maleta y va hacia la puerta. Se vuelve hacia LUISA.)* Abrígate bien. No vayas a coger frío. Ahora debes cuidarte mucho. Vamos. Todo ha terminado.

LUISA.- *(Fatalista.)* No. Todo empieza ahora.

(Se abrazan. En la calle se oye el claxon de un coche llamando insistentemente. A lo lejos, la música de la tuna. Van saliendo enlazados. Telón muy lento.)

REFERENCIAS BIBLIOGRÁFICAS*

Ediciones de sus obras de teatro

Edipo, Acento cultural, 1 noviembre, 1958.

Nunca amanecerá, Madrid: Ediciones del SEU, 1958.

Esperando La llamada, Departamento nacional de actividades culturales del s.e.u. teatro español universitario. Autores noveles, nº 3.

Cerca de las estrellas, En Teatro Español, 1960-1961, Madrid: Aguilar, 1962, pp. 325-391.

Yo, Martín Lutero, Madrid: Ediciones La Avispa, 1984.

Isabel, reina de corazones, Madrid: Preyson, Arte Escénico 48, 1985.

Fortunata y Jacinta, Santander: Festival Internacional de Santander, 1993.

Obras escogidas, Volumen I: *Nunca amanecerá, Cerca de las estrellas, Noches de San Juan, La esfinge sin secreto, El asedio, La cita, La espera*. Estudios preliminares realizados por el Equipo de Investigación del Aula de Estudios Escénicos y Medios Audiovisuales de la Universidad de Alcalá, dirigido por Ángel Berenguer. Madrid: Asociación de Autores de Teatro, 1998.

Obras escogidas, Volumen II: *Las herederas del sol, Isabelita la Miracielos, Isabel, reina de corazones, Yo Martín Lutero, El buscón, Fortunata y Jacinta, Los extraños amantes*. Estudios preliminares realizados por el Equipo de Investigación del Aula de Estudios Escénicos y Medios Audiovisuales de la Universidad de Alcalá, dirigido por Ángel Berenguer. Madrid: Asociación de Autores de Teatro, 1998.

Noches de San Juan[73], Premios Lope de Vega 6, Madrid: ADE, 2006.

La Cita, Traducción al ucraniano de la obra por Serhii Borshchevsky. Kiev: Actividades editoriales de la Empresa Estatal "GDIP", 2025.

Ediciones de su poesía

El haikú de Mafalda y A mi hija Verónica, Santander, Revista de Teatro y Cultura, Senda, 1989, p. 53.

El crisantemo y la cometa, Santander: Editorial La Sirena del Pisueña, 1995.

Biografía secreta, Santander: Universidad de Cantabria, 2003.

Premonición de amor, Madrid: Revista Astrofuente Papeles culturales, Número 16, octubre 2004, p. 20.

El secreto, Madrid: Revista Astrofuente Papeles culturales, Número 19, marzo 2006, pp. 23-24.

---

[73] La obra original *Noches de San Juan* de Ricardo López Aranda, ha conocido varias ediciones. Entre ellas destaco la publicada en 1998 por la Asociación Española de Autores de Teatro con el patrocinio de la Consejería de Cultura y Deporte del Gobierno de Cantabria. *Noches de San Juan* forma parte de las obras editadas en el Tomo I de la colección Teatro "Obras escogidas" de Ricardo López Aranda. Introducción y estudio de la obra por David Ojeda Abolafia y la editada en 2006 por la Asociación de Directores de Escena de España (ADE) - Edición de Julio Enrique Checa - Madrid. *Noches de San Juan* forma parte de las obras editadas de la colección que recoge los Premios Lope de Vega. Las obras premiadas en 1963: «Diálogos de la herejía» de Agustín Gómez-Arcos; «Epitafio para un soñador» de Adolfo Prego Oliver y «Noches de San Juan» de Ricardo López Aranda.

Obras inéditas o no publicadas de Ricardo López Aranda[74]

Obras originales

El faro (1957) * no publicada

La rata en el fondo (1958) * inédita

Cuando las gaviotas gritan (1957-1959) * no publicada

No hay tiempo de esperar la noche (1959) * no publicada

Los sin raíz (1957-1959) * inédita

Los malditos (1957-1959) * inédita

Más allá de las verdes colinas (1957-1959) * inédita

La ardiente piel de los muertos (1957-1959) * inédita

La luna está siempre demasiado lejos (1959-1961) * inédita

La feria (1960-1961) * inédita

Los laberintos (1960-1961) * inédita

El funcionario (1960-1961) * inédita

La subasta de los hombres nuevos (1960-1962) * no publicada

Mario (1958-1964) * inédita

Sila (1958-1964) * inédita

César (1958-1964) * inédita

Helena * inédita

Las subversivas S.L. (1970) * inédita

El rapto de las sabinas (1971) * inédita

Cuando se apaguen las estrellas * inédita

Un verano tranquilo * inédita

El pacto de guisando * inédita

---

[74] Lista no exhaustiva de algunas obras inéditas o no publicadas. Las que se indican como "no publicadas" fueron estrenadas u objeto de lecturas públicas, pero no se publicaron. Las fechas son indicativas.

Casilda * inédita

Paca * inédita

El mancebo que casó con mujer brava * inédita

El crisol de los héroes * inédita

La tarántula * inédita

Sin título (Concurso de mises) - Comedia * inédita

Cuando la cenicienta es otra - Comedia * inédita

El toro nupcial - ballet * inédita

La Atlántida y el minotauro - ballet * inédita

Yo, ¡la Reina! (1974-1976) * inédita

Las europeas (1970-1975) * inédita

Cabaret a la española - Café teatro (1970-1975) * inédita

Viaje de fin de curso - Musical (1963-1976) * inédita

Un periodista español (1975-1976) * inédita

Obras infantiles

El Cocherito Leré (1967) * no publicada

El pájaro azul, de Maeterlinck (1967) * no publicada

El Lazarillo de Tormes (1967) * inédita

El traje del rey (1967) * inédita

Juan sin miedo a la verdad (1967-1968) * inédita

El bosque encantado (1969-1971) * inédita

Don Quijote de la Macha, de Cervantes (1973) * no publicada

Caperucita (1970-1973) * inédita

Un niño que pidió un abuelo a los Reyes Magos (1970-1973) * inédita

El pájaro del arco iris (1972-1975) * no publicada

Adaptaciones de clásicos u obras inspiradas de textos clásicos

Jimena, Las mocedades del Cid de Guillén de Castro (1963-1967) * inédita

El enfermo de aprensión, de Molière (1967) * no publicada

La Locandiera, de Goldoni (1967) * no publicada

El castigo sin venganza, de Lope de Vega (1967) * no publicada

Nazarín, de Pérez Galdós (1972) * inédita

La Celestina, de Rojas (1973) * no publicada

La Mansión de los Rosmer, de Ibsen (1973) * inédita

El Lindo de don Diego, de Moreto (1973) * inédita

El sombrero de tres picos, de Alarcón (1974) * no publicada

Juno y el pavo real, de Sean O'Casey (1974) * no publicada

La Dorotea, de Lope de Vega (1974) * no publicada

No puede ser el guardar a una mujer, de Moreto (1974) * inédita

Tartufo, de Molière (1974) * inédita

Las águilas incendiadas, Juan Gabriel Borkman de Ibsen (1974) * inédita

María Estuardo, de Schiller (1975) * no publicada

Las mujeres sabias, de Molière (1975) * no publicada

Reinar después de morir, de Vélez de Guevara (1975) * no publicada

Un enemigo del pueblo, de Ibsen (1975) * no publicada

El Avaro, de Molière (1975) * inédita

Casa de muñecas, de Ibsen * inédita

Casandra, de Pérez Galdós * inédita

La Cena de los figurones, de Jean Anouilh * inédita

Por qué lloran las viudas a sus difuntos, Porque temen que vuelvan del otro mundo, Musical sobre textos de Tirso de Molina * inédita

Retablo de la picaresca, sobre personajes de Quevedo, Cervantes y Rojas... * inédita

Tristana, de Pérez Galdós * inédita

Autocríticas, prólogos y presentaciones de algunas de sus obras.

Autocrítica a *No hay tiempo de esperar la noche,* en el Programa de mano de la lectura, 19-XII-1959.

Autocrítica a *Cerca de las estrellas,* en *Ya,* 5-V-1961.

Autocrítica *Esperando la llamada,* en el Programa de mano de la lectura, 1963.

Antecrítica a *Noches de San Juan,* en *ABC,* 18-IV-1965.

"Prólogo para los padres", en el Programa de mano del *Cocherito Leré,* XI-1966.

Presentación del *Pájaro Azul,* en el Programa de mano de la obra, VII-1967.

Ars Poética de *Fortunata y Jacinta,* en el Programa de mano de la obra, XI-1969.

Antecrítica del *Buscón,* en el Programa de mano de la obra, IV-1972.

Prólogo de la obra de teatro infantil *Don Quijote de la Mancha,* en el Programa de mano de la obra, XI-1973.

Antecrítica completa de *Isabelita la Miracielos,* en ABC, 3-XI-1978.

Antecrítica *Isabelita la Miracielos,* en el Programa de mano de la obra, Nueva York, I-1983.

Presentación de *Isabel, Reina de corazones,* en el Programa de mano de la obra, IX-1983.

Presentación de *Fortunata y Jacinta,* en el Programa del Festival Internacional de Santander, VIII-1993, pp. 116-117.

"El río con retorno" Memoria de unos años de teatro en Santander (Cantabria), Santander, Fundación Marcelino Botín Primera edición, 1995, Tomo I, pp. 406-413.

Prólogo de "Alas" de Isabelino Cea Gutiérrez. Ed. Autor Editor 15, 1981, pp. 5-8.

Notas sobre teatro, Madrid, Revista Astrofuente Papeles culturales, Número 17, diciembre 2004, pp. 35-37.

Entrevistas

Aguirre Bellver, J., "Próximo estreno teatral: Sinfonía en gris premio Calderón de la Barca. Su autor es un estudiante de cuarto de filosofía. Entrevista con Ricardo López Aranda", *Universidad española,* 18-II-1961, p. 4.

Bedoya, E., "Ricardo López Aranda: Me duele que mis éxitos no se representen en mi tierra", *El Diario Montañés,* 24-VII-1992.

Blanco, P., "López Aranda: Hay que revitalizar el teatro", *Arriba reporteros,* 24-XI-1978.

Cabo, A., "Escribo para que las actrices se luzcan", declaración R. López Aranda, *Alerta,* 5-VIII-1993.

Crespo, P., "Diccionario privado de Ricardo López Aranda", Teleguía, 12-18-II-1966.

Castañeda, M. A., "Me cuesta más adaptar que crear", *El Diario Montañés,* 24-IX-1972.

González Soto, "J. R. López Aranda, primer premio del Concurso Nacional de Teatro del SEU", *Alerta,* 27-III-1958.

Hebrero San Martín, G., "Ricardo López Aranda Premio Calderón de la barca", *La estafeta literaria,* 1-XII-1960.

Laborda, Á., "Los extraños amantes de Ricardo López Aranda", *ABC,* 1-III 1974.

Laborda, Á., "El estreno de esta noche: Isabelita la Miracielos, en el Barceló", en *ABC,* 3-XI-1978.

Laborda, Á., "Esta noche, en Espronceda 34, versión libre de la Tragicomedia de Calisto Melibea", *ABC,* 6-II-1980.

Laborda, Á., "Ricardo López Aranda: Mis mejores obras siguen sin ser estrenadas", *ABC,* 15-II-1980.

Leguina, J., "Cuatro preguntas a Ricardo López Aranda, Premio Nacional de Teatro", *Revista Facultad*, noviembre 1961, p. 12.

J.J.R., "Existe una invasión de los espectáculos de cabaret en el teatro", *Alerta*, 16-XI-1977.

Poo San Román, J., "Encuentro el teatro actual falto de valentía o de preparación cultural en los autores", declaración de Ricardo López Aranda, *Alerta*, 5-III-1958.

Poo San Román, J., "Juan Ricardo López Aranda, Premio Nacional de Teatro", *Alerta*, 26-VII-1960.

Poo San Román, J., "Juan Ricardo López Aranda, jefe nacional del TEU", *Alerta*, 2-II-1961.

Poo San Román, J., "Encuesta: Los premios literarios y los escritores españoles de hoy", *Alerta*, 5-III-1974.

Sierra, M., "Inicié mi carrera literaria después de ver *Otelo* en la Plaza Porticada", *Alerta*, 31-V-1979.

Sancho, P., "Ricardo López Aranda y su paréntesis mexicano", *Alerta*, 18-VIII-1982.

Estudios sobre el teatro y la dramaturgia de López Aranda

AA.VV. (1991). *Antología del Teatro Español Contemporáneo.* México: Centro Nacional de Documentación Teatral.

Adame, S. (1974). "Long-Play: Estreno de Los extraños amantes", *Pueblo*, 5-III- 1974.

ADE. TEATRO. Revista de la Asociación de Directores de Escena de España, n° 82, septiembre-octubre (2000).

Akkad Galeote, S. (1998). "Introducción a *Fortunata y Jacinta*". En Ricardo López Aranda, *Teatro (Obras escogidas).* Madrid: AAT, t. II, pp. 507-518.

Álvarez de Motrales, C. (1998). "Una lectura shakespereana de Freud". En Jesús G. Maestro (ed.), *Teatratalia II, II Congreso Internacional de Teoría del Teatro, El personaje teatral*. Vigo: Servicio de Publicaciones de la Universidad de Vigo, 109-122.

Álvaro, F. (1961). *El teatro en España en 1960 - El espectador y la crítica*. Valladolid, 1961, p. 294.

Álvaro, F. (1962). *El teatro en España en 1961 - El espectador y la crítica*. Valladolid, 1962, pp. 43-48.

Álvaro, F. (1963). *El teatro en España en 1962 - El espectador y la crítica*. Valladolid, 1963, pp. 315.

Álvaro, F. (1965). *El teatro en España en 1964* - El espectador y la crítica. Valladolid, 1965, p. 332.

Álvaro, F. (1966). *El teatro en España en 1965* - El espectador y la crítica. Valladolid, 1966, pp. 63-67.

Álvaro, F. (1968). *El teatro en España en 1967* - El espectador y la crítica. Valladolid, 1968, p. 353.

Álvaro, F. (1970). *El teatro en España en 1969* - El espectador y la crítica. Valladolid, 1970, pp. 101-107.

Álvaro, F. (1973). *El teatro en España en 1972 - El espectador y la crítica*. Valladolid, 1973, pp. 35-40.

Álvaro, F. (1974). *El teatro en España en 1973 - El espectador y la crítica*. Valladolid, 1974, p. 295.

Álvaro, F. (1975). *El teatro en España en 1974 -El espectador y la crítica*. Valladolid, 1975, pp. 218,273.

Álvaro, F. (1979). *El teatro en España en 1978 - El espectador y la crítica*. Valladolid, 1979, pp. 96-99.

Álvaro, F. (1981). *El teatro en España en 1980 - El espectador y la crítica*. Valladolid, 1981, p. 217.

Álvaro, F. (1984). *El teatro en España en 1983 - El espectador y la crítica*. Valladolid, 1984, pp. 79-82.

Amorós, A. (1987). "El teatro", en *Letras Españolas 1976-1986*. Madrid: Castalia.

Antología del teatro español (ATE). Murcia: universidad de Murcia, n° 1 (1986).

Artaud, A. (1969). *El teatro y su doble*. La Habana: Instituto del Libro.

Aszyk, U. (1995). *Entre la crisis y la vanguardia. Estudios sobre el teatro español del siglo XX*, Varsovia, Cátedra de Estudios Ibéricos-Universidad de Varsovia.

Bajtín, M. (1968). *Dostoevkij. Poetica e stilistica.* Turín: Einaudi.

Bajtín, M. (1989). *Teoría y estética de la novela.* Madrid: Taurus.

Bajtín, M. (1990). *La cultura popular en la Edad Media y en el Renacimiento. El contexto de François Rabelais.* Madrid: Alianza Universidad.

Balestrino, G. (1997). *El bisel del espejo: la reescritutra en el teatro contemporáneo español e hispanoamericano.* C.I.U.N.: Salta (Argentina).

Bauer-Funke, C. (2007). *Die Generación Realista - Studien zur Poetik des Oppositionstheaters während der Franco-Diktatur (La Generación Realista. Poética del teatro de la oposición durante la dictadura franquista).* Frankfurt, Ed. Vittorio Klostermann, pp. 7-9, 12, 18, 25, 26, 29, 36, 82, 146, 243, 249, 255, 260, 262-271, 494, 504, 550, 556, 558, 561, 572, 581, 589, 635-637, 653, 658.

Bedia, S. (1996). "El dramaturgo cántabro Ricardo López Aranda falleció ayer en Madrid", *Alerta*, 27-XI-1996.

Bentley, E. (1982). *La vida del drama.* Barcelona: Paidós.

Berenguer, Á. (1991). *Teoría y crítica del teatro.* Alcalá de Henares: Servicio de Publicaciones de la Universidad de Alcalá de Henares.

Berenguer, Á. (1998). "Ricardo López Aranda: Una conciencia escindida". Introducción a Ricardo López Aranda, *Teatro (Obras escogidas).* Madrid: AAT, t. I, 1998, pp. 15-24.

Berenguer, Á. - Pérez, M. (1998). *Tendencias del teatro español durante la Transición Política (1975-1982),* Teoría, Historia y Crítica del teatro Español, Historia del Teatro español del Siglo XX, volumen IV.

Berenguer, M.L. (1998). "Introducción a *Isabelita la Miracielos*". En Ricardo López Aranda, *Teatro (Obras escogidas).* Madrid: AAT, t. II, pp. 99-108.

Bernal, F. - Oliva, C. (1996). *El teatro público en España 1939-1978.* Madrid: Ediciones J. García Verdugo.

Blanchot, M. (1955). *L'espace littéraire.* Paris: Gallimard.

Bobes, M.C. (1987). *Semiología de la obra dramática.* Madrid: Taurus.

Bobes, M.C. (1992). *El diálogo. Estudio pragmático, lingüístico y literario.* Madrid: Gredos.

Bobes, M.C. *et alii.* (1997). *Teoría del teatro.* Madrid: Arco Libros.

Bonnín Valls, I., *El teatro español desde 1940 a 1980: Estudio histórico-crítico de tendencias y autores.* Barcelona: Octaedro,1998.

Breyer, G.A. (1968). *Teatro: el ámbito escénico.* Buenos Aires: Centro Editor de América Latina.

Centeno, E. (1996). (Ed.). *La escena española actual (Crónica de una década: 1984-1994).* Madrid: SGAE.

Centeno, E. *et alii.* (1999). *El director teatral y la puesta en escena,* presentación de J.A. Hormigón. Madrid: Fundación Pro-Resad.

Cervera, J. (1982). *Historia critica del teatro infantil español.* Madrid: Editora Nacional Cultura y Sociedad.

Coco, E. (2000). *Teatro spagnolo contemporaneo.* Edizioni dell'Orso.

Córdoba, P.E. (1983). "Prénom Gloria: Pour une pragmatique du personnage". En *Le* personnage *en question, Actes du IVe Colloque du SEL (Séminaire d'études littéraires),* Toulouse: Service de Publications Université de Toulouse-Le Mirail, pp. 33-44.

Cornago Bernal, Ó. (1998). "La modernidad de López Aranda. Introducción a *La Esfinge sin secreto*". En Ricardo López Aranda, *Teatro (Obras escogidas).* Madrid: AAT, t. I, pp. 359-365.

Corvin, M. (1997). "Contribución al análisis del espacio en el teatro". En Bobes Naves, M.C. et *alii,* (1997). *Teoría del teatro.* Madrid: Arco Libros, pp. 201-228.

Chato, P. (1997). "La obra de Ricardo López Aranda verá la luz en una Antología" *Diario Montañés,* 23-III-1997.

Checa, J.E. (2006). Prólogo de *Noches de San Juan* y estudio de la obra y del teatro de López Aranda, en el libro 6 de las obras editadas en la colección Premios Lope de Vega. Madrid: ADE, pp. 11,12,16, 73-87.

De Quinto, J.M. (1968). "Crónica de teatro - Cabral de Meló, Maeterlinck", *Insula* n° 255, II-1968, p. 15.

Del Villar, A. (2007). *La espera sin esperanza en el teatro de López Aranda*. Conferencia pronunciada en el Ateneo Científico, Literario y Artístico de Madrid, el 16 de enero de 2007. Madrid: Taravilla.

Derrida, J. (1967). *L'écriture et la différence*. París: Seuil.

De Toro, A. - Floeck, W. (1995). *Teatro español contemporáneo. Autores y tendencias*. Kassel: Reichenberger.

Diez Borque, J.M. - García Lorenzo, L. (1975). *Semiología del teatro*. Barcelona: Planeta.

Doménech, R. (1965). "Noches de San Juan, de López Aranda", *Primer Acto* n° 66, 1965, pp. 43-44.

Ducrot, O - Todorov, T. (1974). *Diccionario enciclopédico de las ciencias del lenguaje*. Buenos Aires: Siglo XXI.

Eco, U. (1981). *Lector in fabula*. Barcelona: Lumen.

Eco, U. (1995). *Los límites de la interpretación*. Barcelona: Lumen.

Elam, K. (1980). *The semiotics of theatre and drama*. Londres: Methuen.

Fernández Montesinos, A. (2005). "Don Quijote de la Mancha...: Una versión teatral de Ricardo López Aranda", *ADE teatro* n° 107, 2005, pp. 178-180.

Fischer-Lichte, E. (1999). *Semiótica del teatro*. Madrid: Arco-Libros.

Floeck, W. - De Toro, A. (Eds.). (1995). *Teatro español contemporáneo. Autores y tendencias*. Kassel: Reichemberger.

Gabriele, J.P. (1994). (Ed.). *De lo particular a lo universal. El teatro español del s. XX y su contexto*. Madrid: Iberoamericana.

García Barrientos, J.L. (1991). *Drama y tiempo*. Madrid. CSIC.

García Barrientos, J.L. (1997). *"Escritura/actuación*. Para una teoría del teatro". En María del Carmen Bobes *et alii*. (1997). *Teoría del teatro*. Madrid: Arco Libros.

García Berrio, A. (1988). *Introducción a la poética clasicista*. Madrid: Taurus.

García Calvo, A. (1975). *Del ritmo del lenguaje*. Barcelona: La gaya ciencia.

García Lorenzo, L. (1981). *Documentos sobre el teatro español*. Madrid: SGEL.

García Lorenzo, L. (1989). "Teatro español último: de carencias y realidades", *Cuenta y Razón*, pp. 48-49 (1989).

García Rojas, C. (1998). "Introducción a *Cerca de las Estrellas"*. En Ricardo López Aranda, *Teatro (Obras escogidas)*. Madrid: AAT, t. I, pp. 125-131.

Gómez García, M. (1996). "Ricardo López Aranda", *Primer Acto* n° 266, XI-1996, p. 212.

Gómez García, M. (1996). *El teatro de autor en España 1901-2000*. Madrid: AAT.

Gómez Ortiz, M. (1974). "Los extraños amantes de R. López Aranda", *Nuevo Diario*, 2-III-1974.

González del Valle, L.T. (1984). "Martín Lutero: Más vale tarde que nunca". Prólogo a *Yo, Martin Lutero* Madrid: La Avispa, pp. 5-9.

Grande Rosales, M.Á. (1994). *Proyección crítica de Bajtín: la articulación de una contrapoética*. Granada: Universidad de Granada.

Gutiérrez Carbajo, F. (1981). "Caracterización del personaje en la novela policiaca". En *Cuadernos Hispanoamericanos*, p. 371 (1981).

Gutiérrez Carbajo, F. (2001). *Teatro contemporáneo*. Alfonso Vallejo. Madrid: ediciones UNED.

Gutiérrez Carbajo, F. (2010). *Tragedia y comedia en el teatro español actual*. Hildesheim-Zürich-New York: Georg Olms Verlag.

Gutiérrez Carbajo, F. (2018). *Tradición e innovación en el teatro español actual*. Prólogo de César Oliva: Madrid: Esperpento Ediciones Teatrales.

Huerta Calvo, J. (1995). "El lugar del teatro en la poética de Mijail Bajtín". En José Romera Castillo, Mario García Page y Francisco Gutiérrez Carbajo (Eds.). *Bajtín y la literatura*. Madrid: Visor Libros, pp. 81-93.

Ingarden, R. (1997). "Las funciones del lenguaje en el teatro". En Bobes Naves, M.C. *et alii*, (1997). *Teoría del teatro*. Madrid: Arco Libros.

Jagu, G. (2006). "Ricardo López Aranda: Autor entre lo íntimo y lo público", Encuentro Internacional y XIX Asamblea General de ALDEEU, junio de 1999, Santander: Universidad de Cantabria, p. 557.

Kany, E. (2006). *Du roman a la scène : Étude des adaptations des romans de Benito Pérez Galdós (Marianela, Fortunata y Jacinta et Misericordia) au théâtre par les Frères Álvarez Quintero, Ricardo López Aranda et Alfredo Mañas Navascués*. Perpignan : Université de Perpignan.

Kennedy, A.K. (1983). *Dramatic Dialogue, The Duologue of Personal Encouter*. Cambridge: Cambridge University Press.

Kowzan, T. (1992). *Literatura y espectáculo*. Madrid: Taurus.

Kowzan, T. (1997). "La semiología del teatro: ¿veintitrés siglos o veintidós años?". En Bobes Naves, M.C. *et alii*, (1997). *Teoría del teatro*. Madrid: Arco Libros, pp. 231-252.

Kristeva, J. (1969). *Sèméiotikè : Recherche pour une Sémanalyse*. París: Seuil.

Ladra, D. (1969). "Fortunata y Jacinta, de López Aranda, adaptación de la novela de Benito Pérez Galdós", *Primer Acto* n° 113, X- 1969, pp. 67-69.

Laborda, A. (1974). "Los extraños amantes, de Ricardo López Aranda", *ABC*, 1-II- 1974.

Laborda, A. (1980). "La escena al día: Calixto y Melibea", *ABC*, 23-I-1980.

Laín Entralgo, P. (1967). Tras el amor y la risa, Teatro y vida 1. Editora Delos-Aymá, pp. 134-137

Lázaro Serrano, J. (1985). *Historia y antología de escritores de Cantabria*. Santander: Ayuntamiento de Santander y Librería Estudio.

Letón Rojo, R. (1998). "Introducción a *El Asedio*". En Ricardo López Aranda, *Teatro (Obras escogidas)*. Madrid: AAT, t. I, pp. 445-450.

López Mozo, J. (1997). "En la muerte de Ricardo López Aranda", *Reseña* n° 279, I- 1997.

Lotman, Y. (1973). *La structure du texte artistique*. París: Gallimard.

Maestro, J.G. (1998). (ed.). *Teatratalia II, Il Congreso Internacional de Teoría del Teatro, El personaje teatral*. Vigo: Servicio de Publicaciones de la Universidad de Vigo.

Maestro, J.G. (1998). "El personaje teatral en la teoría literaria moderna". En Maestro, J.G. (1998). (ed.). *Teatratalia II, Il Congreso Internacional de Teoría del Teatro, El personaje teatral*. Vigo: Servicio de Publicaciones de la Universidad de Vigo, pp. 17-56.

Martín Arguedas, D. (1998). "Introducción a *Nunca Amanecerá*". En Ricardo López Aranda, *Teatro (Obras escogidas)*. Madrid: AAT, t. I, pp. 55-63.

Mariscal, A. (1984). *Cincuenta años de teatro en Madrid*. Madrid: Editorial El Avapiés.

Meyerhola, V.E. (1971). *Textos teóricos*. Madrid: Alberto Corazón, vol. I.

Mira Nouselles, A. (1996). *De silencios y espejos-Hacia una estética del teatro español contemporáneo*. Valencia: Universitat de Valencia.

Miralles, A. (1977). *Nuevo Teatro Español: una alternativa social*. Madrid: Editorial Villalar.

Mittenzwei, W. (1969). *Gestaltung und Gestalten im modernen Drama*. Berlín/Weimar.

Muñoz Cáliz, B. (1998). "Introducción a *El Buscón*". En Ricardo López Aranda, Teatro *(Obras escogidas)*. Madrid: AAT, t. II, pp. 383-394.

Muñoz Cáliz, B. (2001). *Las subversivas, S. L.: una obra prohibida de Ricardo López Aranda*. Revista de estudios teatrales nº 13, pp. 257-265.

Ojeda Abolafia, D. (1998). "Introducción a *Noches de San Juan*". En Ricardo López Aranda, Teatro *(Obras escogidas)*. Madrid: AAT, t. I, pp. 221-231.

Oliva, C. (1989). *El teatro desde 1936*. Madrid: Ed. Alhambra, pp. 222, 226, 322, 326-327, 329, 350.

Olivas Fuentes, M. (2013). *Libertad sin memoria: los otros realistas en el período democrático*. Don Galán: revista de investigación teatral, Núm. 3, pp. 31-36.

Pérez. M. (1998). *El teatro de la transición política, 1975-1982- Recepción, crítica y edición*. - Problemata Literaria 4: Barcelona: Edition Reichenberger.

Pérez, M. (1998). "El otro teatro de la posguerra. Introducción a *La Espera*". En Ricardo López Aranda, *Teatro (Obras escogidas)*. Madrid: AAT, t. I, pp. 593-600.

Pérez, M. (1998). "El creador teatral ante la encrucijada social y política. Introducción a *Las herederas del sol*"". En Ricardo López Aranda, *Teatro (Obras escogidas)*. Madrid: AAT, t. II, pp. 11-19.

Pociña, A. (2012). "las Visiones de Edipo en el teatro español de Posguerra" en Edipo classico e contemporaneo de Citti, F. - Iannucci, A. Zürich-New York: Ed. Hildesheim, Georg Olms, pp. 281-300.

Pörtl, K. (1986). *Reflexiones sobre el nuevo teatro español*. Halle: Max Niemeyer. *Primer Acto (PA)*. Madrid.

Pörtl, K. *El Publico (EP)*. Madrid: Centro Nacional de Documentación Teatral.

Ragué Arias, M.J. (1996). *El teatro de fin de milenio en España (de 1975 hasta hoy)*. Barcelona: Ariel.

Rebollo Calzada, M.M. (1998). "Introducción a *Isabel, Reina de corazones*". En Ricardo López Aranda, *Teatro (Obras escogidas)*. Madrid: AAT, t. II, pp. 197-203.

Rico, E.G. (1996). "Fin de una época", *ABC*, 1-XII-1996.

Ríos Sánchez, P. (1997). "Presencia de Lutero en el teatro español del siglo XX: Camón Aznar, R. López Aranda y M.M. Reina", *Ilu. Revista de Ciencias de las Religiones* n° 2, 1997, pp. 151-171.

Ríos Sánchez, P. (1998). "Introducción a *Yo, Martin Lutero*". En Ricardo López Aranda, *Teatro (Obras escogidas)*. Madrid: AAT, t. II, pp. 269-284.

Rodríguez Alcalde, L. (1973). *Teatro español contemporáneo*. Madrid: E.P.E.S.A..

Rodríguez Díaz, M. (1983). "Ricardo López Aranda: los poderosos están solos y tienen miedo", *El Público* n°1, X-1983, p. 19.

Rodríguez Méndez, J.M. (1997). "Ricardo López Aranda", *Boletín de la A.A.T.*, I-1997, p. 28.

Romera Castillo, J. (1998). *Literatura, teatro y semiótica: Método, prácticas y bibliografía*. Madrid: UNED.

Romera Castillo, J. (1998). "El personaje en escena (un método de estudio)". En Jesús G. Maestro (ed.), *Teatratalia II, II Congreso Internacional de Teoría del Teatro, El personaje teatral*. Vigo: Servicio de Publicaciones de la Universidad de Vigo, pp. 77-108.

Romero Sire, A.I. (1998). "El personaje dramático como enunciado y como enunciación". En Jesús G. Maestro (ed.), *Teatratalia II, II Congreso Internacional de Teoría del Teatro, El personaje teatral*. Vigo: Servicio de Publicaciones de la Universidad de Vigo, pp. 213-246.

Sánchez Sánchez, J.P. (1998). "Introducción a *La Cita*". En Ricardo López Aranda, Teatro *(Obras escogidas)*. Madrid: AAT, t. I, pp. 535-545.

Santolaria Solano, C. (1998). "Introducción a *Los extraños amantes*". En Ricardo López Aranda, Teatro *(Obras escogidas)*. Madrid: AAT, t. II, pp. 603-611.

Santos Sánchez, D. - Muñoz Cáliz, B. (2023). *Teatro y artes escénicas en el ámbito hispánico: España. Siglo XX*. Cátedra Teatro y artes escénicas, pp. 341 y 343.

Torres Nebrera, G. (1996). "La sociedad española en los dramaturgos de la promoción realista (1949-1965)", *Boletín de la Fundación García Lorca* n° 19-20, XI- 1996, pp. 231-250.

Ubersfeld, A. (1989). *Semiología del teatro*. Madrid: Cátedra.

Valdivieso, M.T. (1979). *España: bibliografía de un teatro silenciado*. Society of Spanish and Spanih American Studies.

Vals, F. (1985). "El teatro español entre 1975 y 1985", *Las Nuevas Letras*, n°s 3-4, (1985).

Veltruski, J. (1990). *El drama como literatura*. Buenos Aires: Galerna.

Vilches de Frutos, M.F., "La temporada teatral española, 1984-1985", *idem*, "1085-1986"; *idem* "1986-1987"; *idem*, "1987-1988", *Anales de Literatura Española*.

Vilches de Frutos, M.F. - García Lorenzo, L. (1983). "La temporada teatral española, 1982-1983", en *Abejos de Segismundo*. Madrid: CSIC.

Villán, J. (1996). "Obituario: Ricardo López Aranda. Las luminarias y el apagón" *El Mundo*, 27-XI-1996.

Wellwarth, G.E. (1978). *Spanish Underground Drama (Teatro español undeground)*. Madrid: Villalar.

* Para la elaboración de esta bibliografía se ha tenido en cuenta los materiales proporcionados por Germaine Jagu, la información contenida en la página Web de Ricardo López Aranda (www.lopez-aranda.com), en el trabajo de Cristina Santolaria Solano, "Cronobiografía y Bibliografía de Ricardo López Aranda", en Ricardo López Aranda, Teatro (Obras escogidas. Madrid: AAT, t. I, 1998, pp. 25-52, y en el libro de Francisco Gutiérrez Carbajo, Teatro contemporáneo. Alfonso Vallejo. Madrid: ediciones UNED, 2001.

ÍNDICE